지식인마을 15
왓슨 & 크릭
DNA 이중나선의
두 영웅

지식인마을 15 DNA 이중나선의 두 영웅
왓슨 & 크릭

저자_ 정혜경

1판 1쇄 발행_ 2006. 11. 20.
2판 1쇄 발행_ 2013. 11. 13.
2판 4쇄 발행_ 2024. 12. 26.

발행처_ 김영사
발행인_ 박강휘

등록번호_ 제406-2003-036호
등록일자_ 1979. 5. 17.

경기도 파주시 문발로 197(문발동) 우편번호 10881
마케팅부 031)955-3100, 편집부 031)955-3200, 팩스 031)955-3111

저작권자 ⓒ 정혜경, 2006
이 책의 저작권은 저자에게 있습니다. 서면에 의한 저자와 출판사의
허락 없이 내용의 일부를 인용하거나 발췌하는 것을 금합니다.

Copyright ⓒ 2006 by Geong Hae Gyung
All rights reserved including the rights of reproduction in whole
or in part in any form. Printed in KOREA.

값은 뒤표지에 있습니다.
ISBN 978-89-349-2172-1 04400
    978-89-349-2136-3 (세트)

홈페이지_ www.gimmyoung.com   블로그_ blog.naver.com/gybook
인스타그램_ instagram.com/gimmyoung   이메일_ bestbook@gimmyoung.com

좋은 독자가 좋은 책을 만듭니다.
김영사는 독자 여러분의 의견에 항상 귀 기울이고 있습니다.

지식인마을 15

왓슨&크릭
James Watson & Francis H. C. Crick

DNA 이중나선의
두 영웅

정혜경 지음

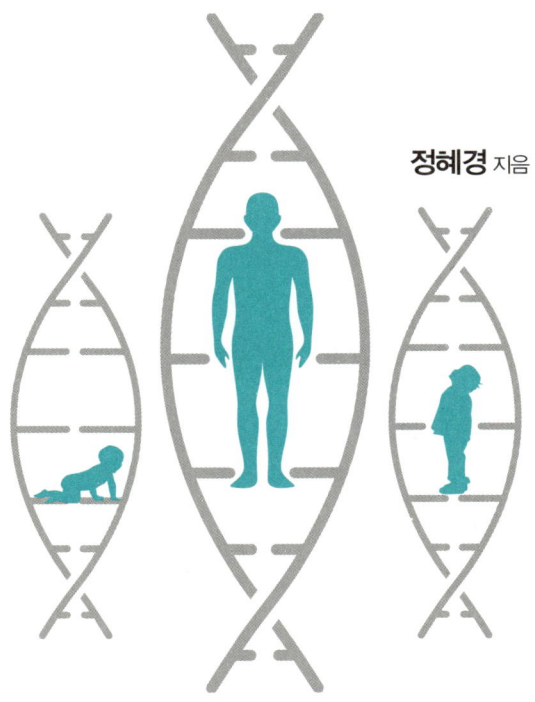

김영사

Prologue 1 지식여행을 떠나며

생명체 설계도 탐사를 위한 오디세이

　새천년 과학계의 화두는 단연 생명공학이다. 황우석 박사 파동의 진실이 무엇이든지 간에 이미 줄기세포를 이용한 질병과 장애의 치료는 머지않아 필연적으로 도래할 사건으로 받아들여지고 있다. 그리고 유전자변형작물 및 동식물복제의 가능성은 이보다 훨씬 이전에 현실화되었고, 인간게놈프로젝트의 완성에 따라 불치병 해결의 실마리 역시 잡히게 되었다. 심지어 공상과학영화에서나 보던 맞춤아기나 인간복제 시대까지도 가시권 안에 들어오고 있다. 이쯤에서 하나 알아두어야 할 것은, 이러한 신세계의 도래가 1953년에 왓슨과 크릭이라는 두 과학자가 이루어낸 DNA의 구조 발견으로부터 시작되었다는 사실이다. 이들이 구조를 밝혀낸 DNA라는 물질은 유전이라는 생명현상의 근본적인 메커니즘을 이해하기 위한 가장 중요한 정보들을 담고 있는, 말하자면 생명체의 설계도 같은 것이었다. 어떤 것이든 제대로 활용하기 위해서는 그것 자체에 대한 규명이 먼저 이루어져야 한다는 점에서, DNA 구조의 발견은 DNA 조작을 통해 인류사의 대변혁을 일으켜온 생명공학 혁명의 출발점이 되었다. 이러한 대발견을 이룬 왓슨과 크릭 두 사람은 분명 영웅으로 불려도 하등 이상함이 없을 것이다.

　이 책의 주된 내용은 유전자 DNA 구조 발견의 역사를 조명하는 것이다. 비록 그 대발견의 직접적인 주인공은 왓슨과 크릭이지만, 그 이면에는 인류가 생명의 신비와 유전이라는 대물림현상에 대한 탐구를 시작한 이래 시도되었던 수많은 지식인들의 노력이 묻어 있다. 따라서 이 책은 기본적으로 왓슨과 크릭에 관한 전기傳記도, DNA와 유전현상에 관한 생물학 서적도 아닌, 생명의 비밀을 밝히기 위해 인류가 도전해온 여정에 대한 역사 서술이다. 왓슨과 크릭이라는 두 지식인을 중심으로, 유전학 연구에 관한 정보와 단순한 내용 소개에 그치는 것이 아니라, 당시 과학자들 사이의 지적·사회적 교류와 경쟁을 통해 유전자의 정체와 기능에 대한 개념과 아이디어가 어떠한 도전과 수정을 겪으면서 진화해왔는가를 생생히 그려내고 싶었다. 이러한 노력이 얼마나 반영되었는지는 독자들이 판단해줄 문제다.

강의에 몸이 매여 있는 관계로, 이 책의 전반은 지난 겨울방학 동안에 쓰여졌다. 그동안 딸의 정신적 스트레스를 모두 감당해주신 어머니께 진심으로 감사드린다. 집필에 필요한 도서자료의 검색에서부터 베타테스터 역할까지 수행해 준 이진원씨(고려대학교 경영학과 석사과정)에게도 감사의 말을 전한다. 무엇보다도 가장 큰 힘이 되었던 것은 돌아가신 부친의 신조인 일근천하무난사勤天下無難事, 즉 한결같이 부지런한 사람은 천하에 어려움이 없다는 가르침이었다.

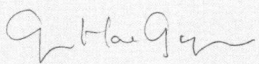

Prologue 2 이 책을 읽기 전에

〈지식인마을〉시리즈는…

〈지식인마을〉은 인문·사회·과학 분야에서 뛰어난 업적을 남긴 동서양대표 지식인 100인의 사상을 독창적으로 엮은 통합적 지식교양서이다. 100명의 지식인이 한 마을에 살고 있다는 가정 하에 동서고금을 가로지르는 지식인들의 대립·계승·영향 관계를 일목요연하게 볼 수 있도록 구성했으며, 분야별·시대별로 4개의 거리를 구성하여 해당 분야에 대한 지식의 지평을 넓히는 데 도움이 되도록 했다.

〈지식인마을〉의 거리
플라톤가 플라톤, 공자, 뒤르켐, 프로이트 같이 모든 지식의 뿌리가 되는 대사상가들의 거리이다.
다윈가 고대 자연철학자들과 근대 생물학자들의 거리로, 모든 과학 사상이 시작된 곳이다.
촘스키가 촘스키, 베냐민, 하이데거, 푸코 등 현대사회를 살아가는 인간에 대한 새로운 시각을 제시한 지식인의 거리이다.
아인슈타인가 아인슈타인, 에디슨, 쿤, 포퍼 등 21세기를 과학의 세대로 만든 이들의 거리이다.

이 책의 구성은
〈지식인마을〉 시리즈의 각 권은 인류 지성사를 이끌었던 위대한 질문을 중심으로 서로 대립하거나 영향을 미친 두 명의 지식인이 주인공으로 등장한다. 그리고 다음과 같은 구성 아래 그들의 치열한 논쟁을 폭넓고 깊이 있게 다룸으로써 더 많은 지식의 네트워크를 보여주고 있다.

초대 각 권마다 등장하는 두 명이 주인공이 보내는 초대장. 두 지식인의 사상적 배경과 책의 핵심 논제가 제시된다.

만남 독자들을 더욱 깊은 지식의 세계로 이끌고 갈 만남의 장. 두 주인공의 사상과 업적이 어떻게 이루어졌으며, 그들이 진정 하고 싶었던 말은 무엇이었는지 알아본다.

대화 시공을 초월한 지식인들의 가상대화. 사마천과 노자, 장자가 직접 인터뷰를 하고 부르디외와 함께 시위 현장에 나가기도 하면서, 치열한 고민의 과정을 직접 들어본다.

이슈 과거 지식인의 문제의식은 곧 현재의 이슈. 과거의 지식이 현재의 문제를 해결하는 데 어떻게 적용될 수 있는지 살펴본다.

이 시리즈에서 저자들이 펼쳐놓은 지식의 지형도는 대략적일 뿐이다. 〈지식인마을〉에서 위대한 지식인들을 만나, 그들과 대화하고, 오늘의 이슈에 대해 토론하며 새로운 지식의 지형도를 그려나가기를 바란다.

지식인마을 책임기획 장대익
서울대학교 자유전공학부 교수

Contents 이 책의 내용

Prologue 1 지식여행을 떠나며 · 4
Prologue 2 이 책을 읽기 전에 · 6

초대
DNA 혁명으로의 초대 · 12

만남

1. DNA 발견을 향한 여정에 앞서 · 24
   유전자 연구의 역사적 개요 | 오래된, 아주 오래된 여정

2. 유전인자의 개념이 뿌리내리기까지 · 30
   생명을 위한 투쟁과 그에 따른 변이의 유전
   융합유전의 몰락과 유전인자 개념의 등장
   멘델 연구의 재조명, 뿌리내리는 유전인자 개념

3. 유전자의 정체를 밝혀라 · 40
   염색체를 텃밭 삼아 일군 고전유전학의 세계 | 염색체 속으로
   유전자는 단백질인가? | 파지그룹의 등장과 DNA의 조명
   단백질과 DNA의 계속되는 힘겨루기 | 쌓이는 증거, DNA의 부상
   분자생물학의 태동과 록펠러 재단

4. DNA의 밑그림을 그리다 · 70
   크릭, 생명의 미스터리 규명에 뛰어든 물리학자
   DNA 전령사의 캐번디시 연구소 안착 | 캐번디시 연구소와 X선결정학
   왓슨과 크릭, 두 잠룡의 조우 | X선결정학의 또 다른 축, 킹스 칼리지
   최고의 X선결정학자 프랭클린 | 단백질 알파나선 구조와 폴링

5. 격변의 3년, DNA 이중나선 구조를 발견하다 · 91
   3년, 대발견의 기간 | 1951년, 이제는 나선형 구조다
   황금의 손, 프랭클린의 DNA 결정 | 왓슨의 실수, 위기를 부르다
   1952년, DNA 연구에 가속도 붙다 | 폴링의 논쟁과 재연구 기회
   드디어 1953년, DNA 구조가 발견되다 | 퍼루츠가 전해준 기쁜 소식
   염기 짝짓기 | 유레카! DNA 분자 구조를 알아내다

6. 대발견 이후 달라진 세상 · 123
   공은 누구에게로? | 정보의 분자 DNA
   베일을 벗는 DNA의 본질 | DNA를 응용하라

7. 두 영웅의 끊임없는 여정 · 144
   왓슨, 암과 전쟁을 벌이다 | 인간게놈프로젝트에의 참여
   크릭의 변신 | 알 수 없는 곳으로 떠나는 마지막 여정
   이중나선 구조의 이인영웅을 기리며

Chapter 3 대화
DNA 50주년 박람회를 가다 · 166

Chapter 4 이슈
게놈 시대의 도래 · 196
유전자 검사로 질병에 대비하라 · 204
DNA를 둘러싼 윤리적인 이슈 · 212

Epilogue   1 지식인 지도 · 220   2 지식인 연보 · 222
 3 키워드 찾기 · 224   4 깊이 읽기 · 228
 5 찾아보기 · 231

James Watson

Chapter 1

초대
INVITATION

Francis H. C. Crick

———————— ✉ 초대 ————————

DNA혁명으로의 초대

**눈길을 끌지 못한 한 편의 논문,
그러나 모든 것은 여기에서 시작되었다**

1953년 4월 25일, 128줄짜리 짤막한 논문 한 편이 국제과학저널 《네이처Nature》의 한 귀퉁이를 장식했다. 이 논문의 저자는 영국 케임브리지 대학University of Cambridge에서 늦깎이로 박사과정을 밟고 있는 프랜시스 크릭Francis Harry Compton Crick, 1916~2004과 케임브리지 대학 캐번디시 연구소Cavendish Laboratory의 전도유망한 박사후연구원 제임스 왓슨James Dewey Watson, 1928~이었다.

당시 영국은 사회적으로는 여왕 엘리자베스 2세의 왕위계승식이 초미의 관심사였고, 과학계에서는 콜더강Calder River 유역의 원자력 발전소 건설에 착수한 것이 화제의 중심에 있었다.

세간이든 학계든 화젯거리가 넘쳐나던 당시의 분위기에서, 〈핵산의 분자 구조 : 디옥시리보핵산의 구조Molecular Structure of Nucleic Acids: A Structure for Deoxyribose Nucleic Acid〉라는 제목의 이 논문은 그 부제에 포함된 단어의 독특한 뉘앙스만큼도 사람들의 눈길을 끌지 못했다. 디옥시리보핵산Deoxyribose Nucleic Acid, 외계인의 언어를 연상시키는 이 수상한 단어는 오늘날, 그 약자를 따서 이렇게 불린다.

DNA

우리는 여기에서 DNA 구조를 제창하고자 한다. 이 구조는 생물학적으로 대단히 흥미롭다.

이 논문으로부터 후대에 초래된 변화의 거대함을 고려한다면, 128줄짜리 논문의 길이만큼이나 간결한 저 글머리는 아이러니하다 할 수 있을 정도였다. DNA 구조 발견 당시, 저자의 한 사람인 크릭은 사람들로 꽉 찬 선술집에서 "우리가 생명의 비밀을 밝혀냈다"고 소리 지르며 흥분했다. 하지만 사회는커녕 학계에서조차 그 반향이 미미해, 그 논문이 발표된 뒤 몇 년 동안 양대 과학잡지 《네이처》와 《사이언스Science》에서 DNA 관련 연구논문을 찾기가 쉽지 않을 정도였다.

그러나 비록 출간 당시의 반응은 미지근했지만 왓슨과 크릭의 이 논문은 전대미문의 방식과 강도로 세계를 변화시킬 무서운 잠재력을 가지고 있었다. 1960년대에 접어들면서 DNA 과학에 관한 논문이 양적으로 팽창하기 시작했다. 왓슨과 크릭 역시 DNA의 구조를 밝힌 공로를 인정받아 1962년 노벨상을 수상하는 등 거대한 변화는 점차 가속을 얻기 시작했다.

왓슨과 크릭이 DNA의 상세한 구조를 밝혀냄으로써 인류는 마침내 생명현상을 분자 수준에서 이해할 수 있게 되었다. 이중나선에 담긴 DNA의 유전정보는 RNA라는 통신병을 통해 단백질을 만들도록 명령을 내린다. 또한 DNA는 세포 내의 특수한 메커니즘에 따라 자기 자신을 복제할 수 있다. 더욱이 DNA의 이중나선은 자유자재로 재단되어 의약품을 비롯한 유용한 물질의 생산에 이용될 수도 있다. 이처럼 DNA의 구조 규명은 생명공학 혁명의 출발점이 되었다. 한마디로 인류는 세상에서 가장 정교한 설계도인 DNA 분자 구조를 발견함으로써 유전자를 조작하고 옮길 수 있는 토대를 마련하게 된 것이다. 그리고 DNA 재조합을 비롯한 관련 기술은 21세기 화두로 떠오른 유전공학과 의료 분야에서 큰 성과를 이루어, 이제 그 영향력이 정치·경제·사회·문화뿐 아니라 종교와 철학에까지 미치게 되었다.

DNA가 바꾸어놓은 과학기술의 지형

두 영웅, 왓슨과 크릭은 DNA 이중나선 구조를 발견하고 9년 뒤인 1962년에 노벨 생리·의학상을 받았다. 이는 그들의 논문을 바탕으로 생명의 비밀이 그 베일을 차례로 벗기 시작한 데 따른 것이다. 그들의 발견은 생물체의 분자 구조의 특성을 바탕으로 생명현상을 설명하는 생물학의 한 분야, 이른바 분자생물학의 이론적 토대를 형성했다. 왓슨과 크릭의 발견으로 새로운 단계를 맞이한 분자생물학은 마침내 20세기 후반을 자신의 무대로 만들었다. 그리고 뉴턴으로 대변되는 근대과학의 태동 이래 줄곧 '과학의 여왕' 자리를 차지해온 물리학의 위상마저도 바꿔놓았다. DNA 구조 발견 이후 50년 동안 핵산과 유전자에 직접 관련된 노벨상 수상자만도 생리·의학상 32명과 화학상 8명으로 모두 40명에 달하며, 순수과학 차원과 실용적인 기술 영역에서 수많은 신규 연구 분야와 응용을 낳았다.

분자생물학은 1970년대에 등장한 유전자 재조합 기술을 통해 눈에 보이는 성과를 내기 시작했다. 여러 생물체에 고유하게 존재하는 DNA를 시험관 내에서 임의로 자르고 또 다른 생물체의 DNA와 결합시켜 새로운 유전정보를 갖는 생물체로 만들 수 있는 유전공학 기술이 보편화된 것이다. 1980년대에는 DNA를 시험관 내에서 증폭할 수 있는 기술이 개발되었고, 분자생물학과 유전공학이 발전하면서 DNA의 조작까지도 가능해졌다.

무엇보다 드라마틱한 것은 2003년 완성된 인간게놈프로젝트 Human Genome Project, HGP로, DNA 구조를 발견한 지 50년 만에 드디어 인류는 인간 유전체를 100% 해독하게 된 것이다. DNA 이중나선 구조가 발견됨으로써 신의 영역에 속했던 생명의 신비를 인간이 시험관 안에서 연구하는 시대가 열린 지 불과 반세기, 이를 직접 수행했거나 관련된 거의 모든 과학자가 아직까지도 살아 있는 이 시점에 인간 유전체의 전체 염기 서열을 읽어냈다는 것은 어느 누구도 예측할 수 없었던 경이로운 쾌거였다.

유전자 조작을 권하는 사회

지난 2001년에는 상상 속에서나 얘기되던 인간복제 가능성 논란으로 세계가 떠들썩했다. 국제적인 종교단체 '라엘리안 무브먼트Raëlian Movement*'가 자신들이 설립한 클로네이드Clonaid 사를 통해 불임부부 등을 위해 세계 최초의 인간복제를 시도할 것이라고 밝힌 것이다. 또한 이탈리아의 인공수정 전문가 세베리노 안티노리Severino Antinori, 1945~는 2002년 현재 몇 건의 복제임신이 진행 중이라고 주장함으로써 세계를 떠들썩하게 했다. 이러한 주장은 아직까지도 확실한 증거를 제시하지 못한 채 진실이냐 거짓이냐 하는 논란에 휩싸여 있지만, 인간복제를 황당무계한 허구의 영역에서 실현 가능한 현실의 영역으로 자리이동시킨 의미심장한 사건임에는 틀림없다.

적어도 유전공학의 위력을 알고 DNA에 담긴 생명의 비밀을 탐구하던 이들에게 인간복제의 가능성은 새로운 것이 아니었다. 1996년 복제양 돌리의 등장으로 생명체의 복제가 현실화되기 훨씬 이전부터 생명체 복제에 대한 희망과 우려는 항상 공존해왔다.

1975년에 열린 아실로머Asilomar 회합*의 결과 미국에서 2년 동안 DNA 재조합gene recombination 기술의 사용이 금지되었을 때, 이미 과학자들은 살아 있는 생명체의 DNA 조작을 시도하는 것이 신의 영역을 침범하는 것이라고 보았다. 이와 더불어 유전자 조작 기술을 둘러싼 사회적 책임의식의 필요성을 인지하는 분위기가 조성되기 시작했다. 왓슨은 1989년에 시작된 인간게놈프로젝트에서 게놈 염기 서열의 연구 성과가 불러올 수 있는 윤리적·법적·사회적 함의에 대한 연구를 병행해야 할 필요성을 역설하며 스스로 실천에 옮긴 바 있다.

그러나 인간복제보다도 현실적 가능성이 높지만 별로 주목받지 못하는 것 가운데 하나가 유전자 재조합 기술을 이용하여 정상 아이의 유전자를 조립하는 것이다. 이 기술은 바람직한 우수 유전자를 활용하여 미래의 잠재적 질병을 사전에 예방하기 위한 것이다. 이러한 유전자 조작은 부작용의 위험성이 있음에도 불구하고, 질병 유발에 유전자가 하는 역할에 대해 알아내면 알아낼수록 매력적인 것으로 다가온다.

자신의 아이가 훗날 암에 걸릴 것 같다는 말을 듣고 암으로부터 아이들을 보호하고 싶지 않은 부모가 어디 있겠는가? 질병을 방지하기 위해 유전자를 강화시키는 유전자 조작과, 개성이나 능력 향상과 같이 욕구만을 충족시키기 위한 유전자

◇ **라엘리안 무브먼트**
1973년 프랑스 출신의 라엘(Raël, 1946~)이 외계인 '엘로힘(Elohim)'을 만났다고 주장하며 세운 국제적인 종교단체. 2만 5,000년 전에 외계로부터 온 과학자가 유전자 조작을 통해 인간을 탄생시켰다고 믿으며, 인간도 복제 기술을 통해 영원한 삶을 살 수 있다고 주장한다.

◇ **아실로머 회합**
유전공학의 발달로 제기된 도덕적·윤리적·생태적 문제들에 대해 협의하기 위해 과학자들이 1975년 미국 캘리포니아주 아실로머에 모여 개최한 회의.

조작을 구별한다면 좀더 바람직한 결과를 낳을 수 있지 않을까? 지금 인류는 DNA 발견이 우리에게 가져다준 능력 때문에 예전에는 상상도 할 수 없었던 선택의 기로에 서게 되었다.

대중문화에까지 파고든 DNA

인간복제는 그 가능성이 주위에서 논의되기 훨씬 이전부터 공상과학소설이나 영화 같은 대중문화 매체의 소재로 활용되어왔다. 생명체의 복잡한 특징이 세포핵 속의 DNA에 저장되어 있는 정보에 의해 결정된다는 개념은 이야기꾼들의 상상력을 자극하기에 충분했다. 덕분에 DNA가 보여주는 이중나선의 이미지는 현대 생물학과 유전공학 및 진화 자체의 상징으로서 일반인의 의식에 자리잡게 되었다.

1990년 마이클 크라이튼(Michael Crichton, 1942~)의 소설 《쥬라기 공원 Jurassic Park》과 그것을 영화화한 스필버그(Steven Spielberg, 1946~) 감독의 〈쥬라기 공원〉(1993)은 아마도 생명 설계도로서의 DNA 이미지를 대중에게 가장 깊게 각인시킨 작품일 것이다. 공룡의 DNA는 공룡의 피를 빤 후 일종의 화석화 과정을 거쳐 호박에 저장된 모기의 몸 안에 일부 남아 있을 뿐이었다. 그런데 영화 속에서 과학자들은 이것만으로도 살아 있는 공룡을 재현해냈다.

이러한 아이디어를 인간에게 적용한다면 어떻게 될까? 복제는 아마 죽음을 넘어 삶을 연장하는 중요한 수단으로서 가치를 지니게 될지도 모른다. 이와 관련한 대표적인 영화가 바로 〈에이리언 4 Alien: Resurrection〉(1997)이다. 이 영화에서는 전편에 죽은 여주인공 리플리의 흔적을 찾아내 그녀의 혈액에서 DNA 샘플을 채취하고 리플리를 육체적으로 부활시킨다. 문제는 부활한 리플리의 몸속에 에이리언의 DNA 역시 섞여 있었던 것. 리플리에게서 에이리언의 태아를 분리하는 데 성공하지만 그 결과 무시무시한 에이리언들이 복제되어 지구 정복을 목표로 마구잡이로 밀려온다. 이 작품은 영화라고는 하지만 미수정란의 세포핵을 체세포의 핵으로 바꿔 유전적으로 똑같은 생물을 얻는 복제 기술 아이디어가 돋보였다. 이 아이디어는 〈에이리언 4〉가 비록 허구적인 액션 영화지만 거기에 과학적 리얼리티의 분위기를 덧씌우는 구실을 했다.

대부분의 영화들이 액션 같은 오락적 상황을 설정하기 위한 도구로 DNA의 이미지를 차용하는 반면에, 1997년 개봉한 영화 〈가타카 GATTACA〉는 DNA의 본질을 가장 신랄하게 파헤친다. 가까운 미래, 우주항공회사 가타카에서 일하고 있는 제롬은 큰 키에 잘생긴 외모, 우주과학에 대한 탁월한 지식과 냉철함까지 갖춘 완벽한 우수인자를 갖고 있는 엘리트다. 그러나 실상 제롬의 정체는 유전적으로 열등한 빈센트라는 인물이다. 그는 우주비행사가 되려는 자신의 꿈을 이루기 위해 완벽한 우수인자를 지닌 진짜 제롬의 유전자를 빌려 단지 제롬 행세를 하고 있을 뿐이다.

영화는 DNA 염기 서열 조작을 통해 아이의 유전적 성향은 물론 신체적·정신적 능력까지 결정하고, 이렇게 결정된 능력을 가지고 아이가 태어나는 순간 이미 장래가 정해지는 미래 사회를 배경으로 한다. 이는 이 사회가 결국 유전공학이 도구화된 계급 사회라는 것을 의미한다. 또한 이 공간은 올더스 헉슬리 Aldous Huxley, 1894~1963의 미래소설 《멋진 신세계 Brave New World》(1932)에서 볼 수 있는 극도의 과학 지배 사회와도 맞닿아 있다. 주인공 빈센트는 이러한 선천적·사회적 장벽에 도전하며 꿈을 향한 인간의 의지가 모든 것을 뛰어넘는다는 것을 몸으로 증명한다. 그리하여 영화는 인간의 정신은 과학의 힘에 지배되지 않는다는 메시지로 끝맺는다. 영화 제목이자 극 중 우주항공사의 이름인 가타카 GATTACA는 DNA를 구성하는 네 가지 염기인 아데닌 adenine, 구아닌 guanine, 시토신 cytosine, 티민 thymine의 머리글자를 따서 조합한 것이다. 이렇게 DNA의 염기는 생명체뿐 아니라 영화 같은 예술 작품의 제목에도 그대로 녹아 있다.

그러나 무엇보다도 DNA가 대중문화 속에 어느 정도로 뿌리내렸는지를 보여주는 데 빼놓을 수 없는 사례가 있다. 1993년에 출시된 'DNA'라는 향수가 바로 그것이다. 기본적으로 기능이나 실용성 같은 과학적 가치가 아니라 주관적인 미감과 감성에 바탕을 두고 소비되는 향수에 DNA라는 이름이 붙은 것은 DNA의 이중나선 구조가 보여주는 시각적 아름다움 때문만은 아닐 것이다.

DNA의 이중나선 모양을 본뜬 향수

DNA 구조를 발견한 영웅을 찾아라

오늘날 과학은 사회 전반에서 거의 모든 사람들의 관심사가 되고 있다. 2006년과 함께 시작된 줄기세포 논란은 연구실의 학자에서부터 시골의 노인에 이르기까지 온 국민의 관심사가 되었다. 새로운 암 치료제나 전염병 퇴치를 위한 백신 등의 개발 소식이 헤드라인 뉴스에 등장한 것은 이미 오래전의 일이다. 맞춤형 유전자에 의해 태어난 아기와 인간복제는 공상과학소설과 영화 속의 허구적 장치에서 점점 실현 가능한 일이 되고 있다. 이미 우리의 식탁을 점령하기 시작한 유전자변형식품 genetically modified organism, GMO*에 대한 규제는 국가적 분쟁까지 불러일으키며 논란의 단골 주제가 되었다.

이러한 풍경은 모두 DNA 활용을 둘러싸고 벌어지는 일로, 벌써 하나의 이슈가 되고 있다. 즉 질병에 대한 새로운 실마리를 연구하거나, 이를 치료하기 위한 백신 또는 약품을 만들거나, 유전자조작생명체(농작물이든 동물이든)를 만들기 위한 도구를 제공하는 데 있어 DNA 탐구는 가장 기본적이면서도 본질적인 바탕을 형성한다.

DNA를 통해 생명체의 유전체계

◇ **유전자변형식품**

원래 유전자변형생물체를 뜻하는 말로, 주로 농산물을 대상으로 하기 때문에 유전자변형작물이나 유전자변형농산물 등으로도 불린다. 질병에 강하고 수확량이 많이 나도록 하기 위해 본래의 유전자를 변형시켜 생산된 농작물이다. 아직 유해성 여부가 정확하게 가려지지는 않았지만 유용성 역시 인정되고 있기 때문에 금지보다는 소비자가 올바로 구매할 수 있도록 유전자변형농산물 표시제를 시행하고 있는 나라들이 있는데, 국내의 경우에도 2001년부터 시행하고 있다.

를 이해하고 조작해보려는 새로운 도전은 20세기 중엽부터 서서히 발달한 분자생물학의 성과에 힘입은 것이다. 생화학과 유전학 분야의 결합으로 이루어진 분자생물학은 유전자의 정체가 바로 DNA라는 고분자물질이라는 사실이 밝혀지고 그 구조와 단백질 합성에서의 역할이 규명되면서, 생명체를 기존의 형이상학적이며 철학적인 개체가 아니라 정보 저장고와 전달자로서 이해하고자 한 혁신적인 접근 방식이었다.

현대 생물학의 이런 새로운 시도와 혁신의 기원은 50여 년 전에 일어난 기념비적 사건에서부터 비롯되었다. 그리고 그 사건은 해당 주인공들의 운명적인 만남으로부터 가능하게 되었다. 이들은 DNA 구조라는 20세기 최대의 발견을 낳기 불과 2년 전에야 처음 만났다. 서로 다른 국적과 환경 등 공통점이라고는 거의 없을 듯이 보이지만, 인연이라는 말 외에 달리 설명할 길이 없을 정도로 이들의 만남은 절묘했으며 이들의 결합은 더 큰 시너지를 낳았다. 그러한 인연의 개화開花에는 두 사람의 생애뿐 아니라 인류가 오랜 세월에 걸쳐 축적한 지적 성과와 고민이 녹아 있었다.

James Watson

Chapter 2

만남

MEETING

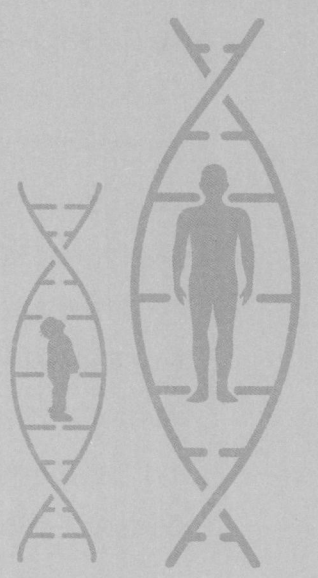

Francis H. C. Crick

만남 1

DNA발견을 향한 여정에 앞서

유전자 연구의 역사적 개요

왓슨과 크릭의 대발견 당시 유전과 관련한 최대 이슈는 유전물질로서의 DNA라는 개념을 정립하고 수용하는 데 있었다. 이후에 좀더 자세하게 설명하겠지만 1944년에 공표된 오즈월드 에이버리^{Oswald Avery, 1877~1955}의 폐렴쌍구균 실험 결과는 유전물질로서 DNA의 중요성을 부각시켰다. 이때만 해도 과학계는 여전히 생체현상의 다양성에 압도된 나머지, 20여 종의 아미노산으로 이루어진 단백질을 유전자의 가장 유력한 후보 자리에 놓고 있었다. 에이버리의 실험은 유전물질이라 불리는 것의 실체가 실은 DNA임을 알려주는 강력한 증거였다. 이것이 적극적으로 수용되지 않은 상태에서 세포핵 내 염색체상의 DNA 구조와 기능, 역할만으로는 DNA를 유전물질로 이해하기에는 아직 버거운 문제가 많았다.

　유전자로서 DNA의 가능성이 눈에 보이는 가운데, 케임브리지 대학 캐번디시 연구소에서 왓슨과 크릭이 만남으로써 DNA 구조를 이해하기 위한 노력은 새로운 전기를 맞게 되었다. 비록 둘은 유전학과 물리학이라는 상이한 전공을 가지고 있었으나, 왓슨의 파지유전학과 크릭의 X선결정학은 상호보완적으로 작용한 데다, 기질과 취향이 비슷하고 서로 통하는 구석이 있던 두 사람의 궁합은 결과적으로 DNA 구조 발견에서 최고의 요소가 되었다.

　또한 왓슨과 크릭은 자신들 주위에 있는 과학자 집단의 재능과 노력을 활용하는 데 탁월한 능력이 있었다. 당시 DNA 구조를 이해하는 데 최대의 논란은 X선결정학의 해석에 있었다. 캐번디시 연구소의 생물리학 분과는 X선결정학 연구의 본산이었지만 그들이 X선결정을 촬영하던 주 대상은 DNA가 아니라 단백질 분자 구조였다.

　한편 이웃의 킹스 칼리지$^{King's\ College}$에서는 당대 최고의 X선결정 연구 노하우를 자랑하던 여성 과학자 로절린드 프랭클린$^{Rosalind\ Franklin,\ 1920~1958}$과 그의 동료 윌킨스$^{Maurice\ Wilkins,\ 1916~2004}$가 주축이 되어 X선결정 사진을 통한 DNA 분자의 구조 연구에 주력했다. 그러나 두 전문가의 대립으로 그들은 잠재력을 충분히 발휘하지 못하고 있었다. 영국 밖에서는 이미 단백질 알파나선$^{α\text{-helix}}$ 구조를 규명한 미국의 라이너스 폴링$^{Linus\ Pauling,\ 1901~1994}$이 DNA 연구에 전격적으로 뛰어들었다. 폴링이 보여준 이른바 삼중나선 구조의 대실수는 결과적으로 DNA 이중나선 구조 발견에 새로

세포와 DNA의 구조

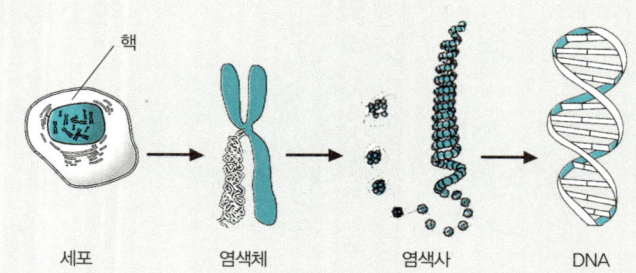

DNA 분자는 당과 인산 분자로 구성된 2개의 가닥이 4개의 염기에 의해 연결되어 꼬인 나선 모양을 하고 있다. 2개의 DNA 가닥은 각각의 가닥에 있는 염기들 간의 결합에 의해 연결되어 있다. 각각의 가닥은 당, 인산 및 염기로 구성된 뉴클레오티드라는 동일한 단위들이 반복되어 선상 배열을 하고 있는데 여기에는 아데닌 (A)·구아닌(G)·시토신(C)·티민(T)이라는 4개의 서로 다른 염기들이 존재한다. 게놈의 크기는 이러한 염기쌍들의 수에 의해 결정되는데, 인간 게놈은 대략 30억 염기쌍으로 이루어져 있다.

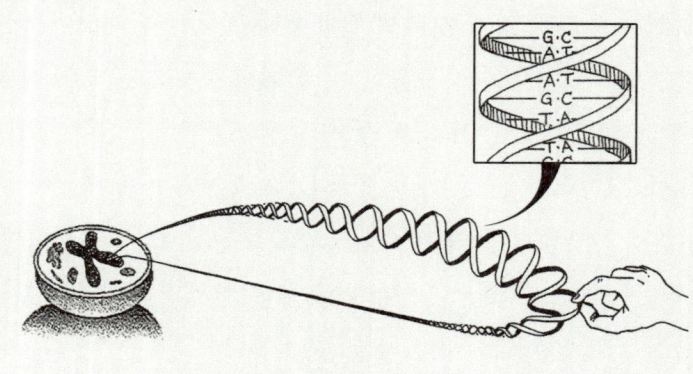

운 변수로 작용했다.

  이렇듯 DNA의 구조 발견을 둘러싼 과학자 집단의 갖가지 시도와 노력은 전쟁이라고까지 표현할 만큼 치열했다. 왓슨과 크릭은 실제로는 DNA를 대상으로 하는 어떠한 실험 연구에도 관여하지 않았다. 대신에 그들은 자신들을 둘러싼 주변의 상황에 귀를 기울이고 유연하게 대처함으로써 DNA 구조 대발견의 주인공이 될 수 있었다. 특히 킹스 칼리지의 프랭클린과 윌킨스의 실험 성과는 DNA 구조를 이끌어내는 데 결정적인 실마리가 될 수 있었다. 따라서 왓슨과 크릭이라는 비범한 두 인물이 완성자의 역할을 한 것은 사실이지만 DNA 이중나선 구조의 발견은 어떤 특정 과학자 개인이나 단체의 단독 작품이 아니라 여러 사람의 노력이 녹아들어 간 과학적 여정이라 할 수 있다. 결국 그러한 여정의 마지막을 장식한 공로로 왓슨과 크릭, 그리고 윌킨스는 1962년 노벨상 공동수상의 영예를 안게 되었다.

오래된, 아주 오래된 여정

DNA 이중나선 구조의 발견은 분명 두 청년 과학자의 진리를 향한 순수한 열정과 지적·학술적 배경, 그리고 그들의 인간적 의기투합이 시너지 효과를 발휘한 드라마틱한 성공이었다. 그러나 그들이 DNA 구조를 규명하기 이전에 이미 그 연구에 연관된 수많은 과학자와 과학자 집단이 있었음을 잊어서는 안 된다. 따라서 우리는 왓슨과 크릭보다 훨씬 오래전부터 유전현상과 그 원인의 실체를 밝히기 위해 노력한 과학자 집단의 '오디세이'를 먼저 다루어야 한다.

왓슨과 크릭이 발견한 DNA 모델의 가장 중요한 요소는 이중나선을 결합시키는 뉴클레오티드^{nucleotide}, 즉 당과 인산에 결합된 염기의 배열이다. 이러한 배열의 의미는 유전정보가 한 세대에서 다음 세대로 전달되는 유전 메커니즘에 관한 것이다. 도대체 DNA란 무엇인가? 유전과 관련해서 DNA의 역할은 무엇인가? 아니 그 이전에, DNA를 그토록 중요하게 바라보아야 하는 이유인 '유전'이란 도대체 무엇인가?

생명체가 지닌 오묘함은 자신의 모습을 후세에 전한다는 데 있다. 이러한 생명개체의 증식, 말하자면 복제는 무생물과 달리 생물만이 가지고 있는 중요한 특징이다. 옛사람들은 생명복제가 피를 통해 이루어진다고 생각했다. 자식이 부모를 닮는 것을 두고 '피를 물려받았다'고 표현하는 것은 부모의 형질이 피를 통해 전해진다고 생각했기 때문이다. 2,400여 년 전 고대 그리스의 히포크라테스$^{Hippokrate-s,\ BC\ 460?\sim377?}$는 판게네시스^{Pangenesis} 가설을 세웠다. 즉 일종의 가상적인 입자를 통해 부모가 가진 형질이 자손에게 물려진다고 본 것이다. 이로부터 수 세기에 걸쳐 내

○ 판게네시스
부모의 신체 각 부분의 특징들이 유전되는 것은 신체 각 부분 세포들로부터 그 부분만의 특징을 가진 물질(seed material)이 생식세포로 전달되어 섞여서 나타나는 현상이라는 이론. 다윈은 이 학설을 계승해, 각 신체기관이 만든 '제뮬'들이 생식기관에 모였다가 성교가 이루어질 때 전달된다는 가설을 세웠다.

려온 인류의 유전현상에 대한 관심과 호기심은 수많은 인류사의 지적 성과와 위대한 인물을 낳았다. 그렇다면 유전자는 어디에 있으며, 어떻게 이루어져 있을까? 또 유전자는 어떤 방법으로 자손에게 유전형질을 전달할까? 이러한 비밀을 찾기 위해 다윈에서부터 시작되는 100여 년에 걸친 유전 연구의 긴 역사를 고찰해보자.

만남2

유전인자의 개념이
뿌리내리기까지

생명을 위한 투쟁과 그에 따른 변이의 유전

근대적인 의미에서 유전과 유전인자에 대한 고민은 진화론으로 유명한 찰스 다윈^{Charles Dawin, 1809~1882}에게서부터 찾을 수 있다. 다윈은 1831년 세계 크로노미터^{chronometer}(바다에서 특히 경도^{經度}를 측정할 때 이용하는 매우 정확한 시간 측정 장치) 측점 수립을 목적으로 남아메리카 해안과 태평양의 섬들을 조사하는 임무를 띤 영국 해군함 비글^{Beagle}호에 박물학자 자격으로 승선했다. 다윈은 5년에 걸친 항해를 통해 축적한 동식물 표본에 대해 장기간 관찰과 사색을 거듭한 끝에 마침내 1859년《종의 기원^{On the Origin of Species by Means of Natural Selection}》을 발표했다. 이는 이른바 '진화론'이라는 주장의 결정판이었다. 다윈의 진화론은 당시 빅토리아시대의 영국인들이 의심할 나위 없는 당연한 사실로 받아들이고 있던 종^種의 고정성, 즉 '동식물 종은 본질적으로 창조 이후 변하지 않았다'는 생각에 전면으로 이의를 제기하는 것이었다.

다윈 진화론의 핵심은 종이 시간의 흐름에 따라 변화한다는 생물진화의 원리와, 자연선택에 따라서 새로운 종이 기원한다는 자연선택설이었다. 즉, 생물체가 자연 안에서 생존투쟁을 위해 서로 치열하게 경쟁을 벌인 결과(생존경쟁) 조금이라도 우수한 형질을 지닌 개체는 살아남아 자손을 남기게 되지만(적자생존) 열등한 것은 도태되는 자연선택의 과정을 거쳐 최적의 변이가 결국 종의 진화로 이어진다는 것이었다.

자연선택의 결과 이루어지는 종의 진화에 대해 다윈은 이렇게 기술했다.

> 자연에서 개체의 변이란 일부 변종이 좀더 큰 먹잇감을 확보하고 그들의 포식자들로부터 살아남아 매력적인 짝을 찾아내 그들의 형질을 자손에게 전달하면서 생존하는 식으로 일어난다. 인간을 포함한 모든 동식물의 변종을 만들어내는 것은 창조주의 설계나 행위가 아니라 우연적인 환경에서의 자연선택이다.
>
> 클레이턴(Julie Clayton)·데니스(Carina Dennis),
> 《DNA 50년 50 (Years of DNA)》(2003)

그러나 만약 집단 속에서 변이가 일어난다 하더라도 그것이 자손에게 유전되지 않을 경우 다윈의 주장은 그 기반을 잃게 된다. 자연히 다음과 같은 문제 제기가 뒤따르는 것이다.

· 부모의 성질은 과연 자식에게 이어지는가?

· 만일 이어진다면 어떠한 방식으로?

생물변이의 계속성과 관련된 이 문제를 풀기 위해서는 수정^{受精} 현상에 대한 이해가 필요하다. 그러나 《종의 기원》이 발표될 당시만 하더라도 정자와 난자의 결합이 이루어지는 수정 메커니즘에 대해 정립되어 있는 이론이 거의 없었다. 그리하여 다윈은 그의 저술인 《사육동물과 재배식물의 변이$^{Variation\ of\ Animals\ and\ Plants\ Under\ Domestication}$》(1868)에서 고대 그리스시대에까지 눈을 돌려 히포크라테스가 주장한 판게네시스^{Pangenesis} 가설을 채택했다.

다윈에 따르면 세포 안에는 일종의 유전정보를 포함하고 있는 '제뮬^{gemmule}' 또는 '판젠^{pangene}'이라는 입자가 들어 있으며, 변이와 유전은 이것이 증식하거나 다른 세포로 이동함으로써 일어난다는 것이다. 예를 들어 서로 다른 색깔의 물감을 섞었을 때 이들이 융합되어 중간색이 드러나는 것처럼, 부모의 제뮬 역시 자손 대에서 혼합되어 나타난다는 것이다. 그런데 이러한 융합의 결과로 나타나는 형질은 본래의 두 형질의 중간인 타협의 결과이므로 당연히 원래의 특색은 희석되게 마련이다. 물감의 경우 흰색과 검정색을 섞어 나온 회색이라는 색깔은 흰색의 특징도 약해지고 검정색에서도 멀어진 어중간한 중간색인 것과 같은 이치다.

자손의 형질은 부모로부터 반반씩 유래한 것이라는 융합유전의 원리는 상식적으로 큰 무리가 없어 보인다. 그러나 이 같은 원리에 따르자면, 만약 생존에 유익한 변이가 집단 내에 존재한다 하더라도 이 집단의 후손들 사이에서는 부모 형질의 융합으로 점차 그 변이의 장점이 희석되어버려 결국 집단은 어중간한 개체들로 가득하게 된다. 다윈의 자연선택의 원리에 따르면 생존에 유리한 변이를 지닌 개체일수록 자연 속에서 생존할 확률, 말하자면 자연의 선택을 받을 확률이 커지는데, 개체군이 자손을 거듭할수록 변이가 희석된다는 것은 그가 주장하는 진화의 원리에 배치되는 것이었다.

　다윈은 유전 메커니즘을 밝히기 위해 제뮬인자들이 융합함으로써 형질이 혼합되어 유전된다는 판게네시스 가설을 시도하기는 했지만, 위와 같은 이유로 인해 여기에 뚜렷한 확신을 가질 수는 없었다. 결국 다윈은 변이 및 그 유전에 대한 구체적인 기제를 설명하는 데는 실패했다. 유전현상에 관한 많은 것들이 밝혀진 오늘날의 관점에서 보면 새로운 변이란 DNA를 이루고 있는 염기문자의 배열에 변화가 생긴 것이며, 변이의 유전이란 이 변화된 염기문자가 자손 대에서 복제됨을 의미하는 것이라 할 수 있다. 그러나 당시는 이러한 사실이 밝혀지기까지는 기나긴 여정을 앞두고 있던 상태였다. 그 여정에 족적을 남긴 이가 바로 멘델이었다.

융합유전의 몰락과 유전인자 개념의 등장

다윈의 《종의 기원》이 연일 상종가를 치고 있을 때, 융합유전을 강조하는 판게네시스 가설을 거부한 이가 있었으니, 훗날 유전학의 아버지로 불리는 그레고르 멘델$^{\text{Gregor Mendel, 1822~1884}}$이다. 오스트리아 모라비아 지방의 도시 브르노(현재는 체코 영토)에 위치한 성 토마스 수도원의 수도사였던 멘델은 다윈의 진화 메커니즘을 받아들였다. 하지만 그는 다윈과는 달리 형질이 전혀 혼합되지 않고 독립적으로 전달된다는 유전 이론을 구체화하게 되는데, 이를 위해 완두콩을 실험재료로 채택했다. 완두콩은 잡종을 만들 수 있는 여러 가지 안정적인 변종을 가지고 있다는 점에서 완벽할 정도로 유전현상의 실험연구에 들어맞는 재료였다.

멘델은 완두콩 교배 실험을 하면서 종자마다 어떤 유전형질을 가지고 있는지, 또 어떤 경우 잡종이 나오는지 파악하기 위해 노력했다. 모양이 주름진 것 또는 둥근 것, 색이 노란 것 혹은 초록색인 것 등과 같은 완두콩의 형질을 수 세대에 걸쳐 기록하면서, 치밀한 계획을 세워 실험을 빈틈없이 준비했다.

예를 들어 키가 큰 완두콩을 작은 것과 교배하면 중간 크기의 콩이 아니라 모든 잡종은 키가 큰 것으로 나타난다는 것을 관찰한 것이다. 여기로부터 멘델은 완두콩의 형질을 결정하는 가상적인 인자가 쌍으로 존재한다고 가정해보았다. 순수한 키 큰 완두콩에서는 두 인자 모두 큰 키를 만들고, 순수한 키 작은 완두콩에서는 두 인자 모두 작은 키를 만든다는 것이다. 이로부터 그는 두 완두콩을 교차수분하면 새로운 식물은 양친에게서 인자를 하나씩 받게 되지만, 큰 키 인자는 작은 키 인자를 억누른다는 가설을 내놓았다. 이런 식으로 멘델은 잡종 1세대와 2세대에서 양친 중 어느 한쪽의 형질이 발현되는 계량적인 수치의 교배 결과를 보면서 유전에 관한 중요한 결과를 발견할 수 있었다.

우선 멘델은 한 세대에서 다음 세대로 전달되는 식물의 개별인자의 차이가 형질의 다양성을 낳는다는 것을 보여주었다. 완두콩의 유전인자가 쌍으로 존재한다고 가정할 때, 이 인자들은 하나만 있어도 형질이 발현되는 것(우성인자)이 있는 반면 같은 종류 두 개가 다 있어야 형질이 발현되는 것(열성인자)이 있다고 주장했다. 그는 이러한 우성 또는 열성인자들은 두 개씩 서로 새로운 쌍을 결성할지언정 개별인자 자체는 혼합되거나 변하지 않음을 강조했다.

예를 들어 우성인자를 상

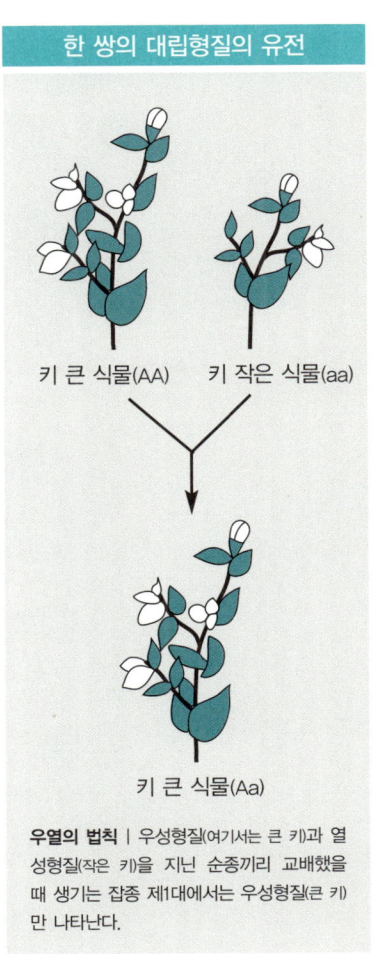

한 쌍의 대립형질의 유전

키 큰 식물(AA) 키 작은 식물(aa)

키 큰 식물(Aa)

우열의 법칙 | 우성형질(여기서는 큰 키)과 열성형질(작은 키)을 지닌 순종끼리 교배했을 때 생기는 잡종 제1대에서는 우성형질(큰 키)만 나타난다.

멘델의 유전법칙

우열의 법칙과 분리의 법칙

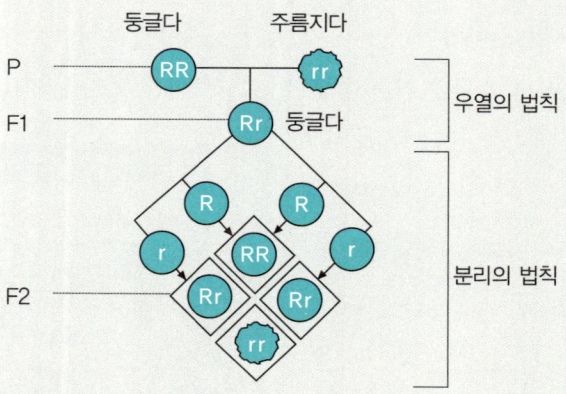

유전자형 ⇨ RR : Rr : rr = 1 : 2 : 1
표현형 ⇨ R- : rr = 3 : 1

독립의 법칙

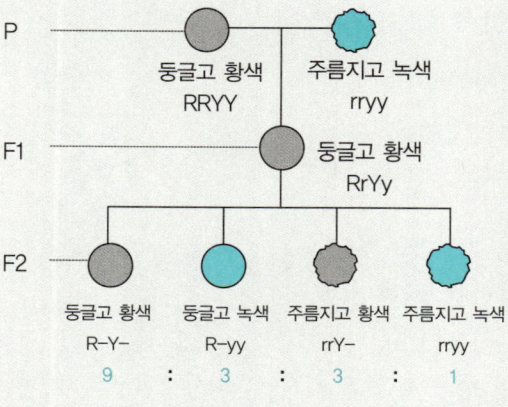

징하는 파란 구슬과 열성인자를 상징하는 빨간 구슬이 있다고 해보자. 파란 구슬 하나와 빨간 구슬 하나, 또는 같은 색깔의 구슬 두 개씩 쌍을 이룰 수는 있지만 파란 구슬과 빨간 구슬이 합체하여 보라색을 지닌 구슬이 만들어지지는 않는다. 멘델은 자신이 상정한 유전인자는 세대를 지나도 융합되지 않고 전달되므로, 형질상의 변이는 자손을 거듭해도 그대로 살아남게 되어 다윈이 말한 유리한 변이를 낳을 수 있다고 보았다.

오늘날 유전의 법칙으로 알려진 이 결과는 1865년 브르노 자연사협회 Naturforscher-Verein Brünn에서 〈식물잡종에 관한 실험연구 Versuche über Pflanzenhybriden〉라는 제목으로 발표되었다. 그러나 멘델이 죽을 때까지 그의 연구 성과는 빛을 보지 못했다.

멘델 연구의 재조명, 뿌리내리는 유전인자 개념

왜 멘델의 연구 결과는 그토록 인정을 받지 못한 것일까? 우선 멘델이 유전법칙에서 보여준 수학적 도구는 생물학자 집단에게 매력적인 것이 아니었다. 게다가 멘델의 통계학적 결과는 거의 완벽한 것이었기에 도리어 통계 조작의 의혹을 받을 가능성이 있었다. 이 밖에도 멘델이 설정한 가설상의 인자는 실제로 관찰할 수 있는 것이 아니었기에 받아들이는 데 시간이 걸렸다. 그러나 무엇보다도 멘델이 과학자 집단과 동떨어져 독립적으로 연구에 매진했다는 점이 가장 그럴싸한 설명이 될 것이다. 멘델은 다른 과학자들과 교류 없이 고립되어 있었다. 심지어 논문도 과학자 집단에 그다지 알려지지 않은 지방의 작은 자연사협회에서 발표한 탓에 누구도 그의 이론에 눈길을 주지 않았다. 말하자면 멘델의 이론은 과학 외적인 측면 때문에 오랫동안 사장되었던 것이다.

멘델의 유전 연구가 세상에서 인정을 받게 된 것은 그가 죽은 지 16년이나 지난 뒤였다. 1900년, 같은 해에 각각 독자적으로 연구하던 오스트리아의 체르마크 폰 세이세네크 Tschermak von Seysenegg, 1871~1962, 독일의 카를 코렌스 Carl Correns, 1864~1933, 네덜란드의 휘호 더프리스 Hugo de Vries, 1848~1935 에 의해 멘델 유전법칙의 중요성이 알려지게 되었다. 즉 유전형질의 결정은 보이지 않는 개별인자의 활동에 따른 것이며, 유전인자가 양친에게서 분리되었다가 각자 독립적으로 다른 인자와 결합해 양친과 비슷하지만 똑같지는 않은 새로운 개체를 만든다는 것이 비로소 받아들여지게 된 것이다. 이로부터 형질의 유전을 일으키는 무엇, 달리 말해 유전형질을 규정하는 인자라는 의미를 지니는 유전인자의 존재는 널리 공인받게 된 것이다.

그 뒤 유전인자의 개념은 그 존재를 암시하는 또 다른 현상이 관찰되면서 더욱 공고하게 뿌리내리기 시작했다. 더프리스의 실험 결과를 눈여겨본 케임브리지 대학의 윌리

◇ 휘호 더프리스
네덜란드의 식물학자로 왕달맞이꽃 실험을 통해 종은 연속적으로 연결되어 있는 것이 아니고 돌연한 변화 또는 비약에 의해 발생한다는 돌연변이설을 제창해 이후 유전학과 진화론에 커다란 영향을 미쳤다. 우리나라에서는 관행적으로 '드브리스'로 부르기도 한다.

엄 베이트슨^{William Bateson, 1861~1926}은 1904년 '연관^{linkage}'이라는 유전현상을 발견했다. 스위트피를 교배하면 보라색 꽃잎과 긴 꽃가루가 함께 나타나는 반면 붉은색 꽃잎은 항상 둥근 꽃가루와 함께 나타난다. 베이트슨은 두 가지 형질이 함께 유전되는 이 현상으로부터 여러 개의 유전인자가 서로 연결되어 있는 상태를 의미하는 연관이라는 개념을 고안했다. 이제 유전은 유전인자라 불리는 그 어떤 물질에 의해 이루어진다는 개념을 중심으로 유전학은 그 지적 기반을 조금씩 갖추어나가고 있었다.

―――――――― 만남3 ――――――――

유전자의 정체를 밝혀라

염색체를 텃밭 삼아 일군 고전유전학의 세계

멘델 유전법칙의 재발견과 그에 따른 연구 덕에 유전이 개별적인 인자에 의해 이루어진다는 사실이 명백해졌다. 이제 다음 과제는 과연 이 유전인자들이 어디에 존재하는지를 알아내는 것이었다. 여기에 요구되는 것이 생물체의 구성단위에 대한 지식인데, 이는 19세기 말과 20세기 초에 걸쳐 독립된 연구 영역으로 발전하기 시작한 실험형태학과 세포학에 의해 충족되게 된다. 현미경의 발달로 세포의 내부 구조를 크게 확대해 탐구할 수 있게 되면서 세포핵의 관찰이 가

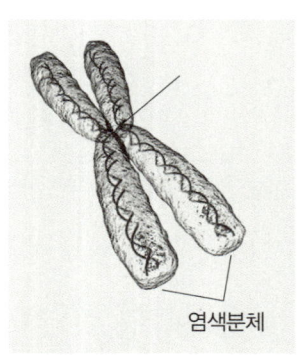

염색분체

염색체 내부의 나선이 바로 DNA이다.

능해졌고, 그 결과 세포핵 내부에 존재하는 실처럼 생긴 구조물, 즉 염색체 chromosome의 존재가 알려지게 된 것이다. 그런데 염색체는 정상 체세포 내에서는 쌍으로 존재하는 반면, 생식세포의 경우 정상 체세포에 비해 염색체의 수가 절반에 지나지 않고 세포핵 내에 영구불변으로 고정되어 있는 것이 아니라 발생과 분화를 거치므로, 학자들에겐 염색체라는 존재가 아직까지 미지의 존재였다.

염색체에 대한 연구가 계속되는 가운데 1890년에 독일의 발생학자 테어도어 보베리 Theodor Boveri, 1862~1915는 성게 sea urchins의 난자와 정자가 수정해 생긴 자손은 부모와 동일한 수의 염색체를 지닌다는 사실을 관찰했다. 그 결과 1902년 그는 염색체야말로 멘델이 상정했던 유전인자의 전달자이며, 부모의 수정란에서 결합된 염색체가 자손의 형질을 발현시킨다고 추론했다.

미국의 과학자 월터 서턴 Walter Sutton, 1877~1916도 독자적인 경로로 보베리와 동일한 주장을 펼쳤다. 서턴 역시 염색체는 보통 때는 쌍으로 존재하지만 생식세포를 생성하는 감수분열 단계에서는 모양이 같은 한 쌍의 염색체가 갈라져 각각 정자와 난자 생식세포로 들어간다는 것을 관찰했다. 보베리와 서턴은 염색체가 부모 각각에서 나와 쌍을 이뤄 자손에게 전달된다는 사실에 근거해 이를 멘델이 주장한 유전인자의 운반물질로 추론했다.

이제 멘델의 연구를 토대로 새로운 생명의 형성에 관한 많은 비밀이 밝혀지면서 유전학의 고전시대가 개막되었다. 영국의 베이트슨이 유전학 genetics이라는 용어를 만들어냈고, 덴마크의 식물학자 빌헬름 요한센 Wilhelm Johannsen, 1857~1927 은 1909년 자신의 저서에서 유전현상을 체계화하기 위해 '겐 gen'이라는 낱말을 만들어냈다. 여기에서 오늘날 유전자 gene 라고 하는 단어가 나왔다. 멘델이 생물의 형질을 결정하는 특정 인자의 존재를 주장한 이래 유전인자라는 막연한 이름으로 불리던 그 무엇이, 이제는 유전자라는 이름으로 통일되었다. 이로써 유전현상에 대한 접근은 개념과 체계를 갖추어갔다. 예를 들어 요한센은 생물이 갖는 유전자의 조성을 유전자형 genotype, 유전형에 따라 실제로 나타나는 형질을 표현형 phenotype 으로 이름 붙였다. 관련 용어와 개념의 체

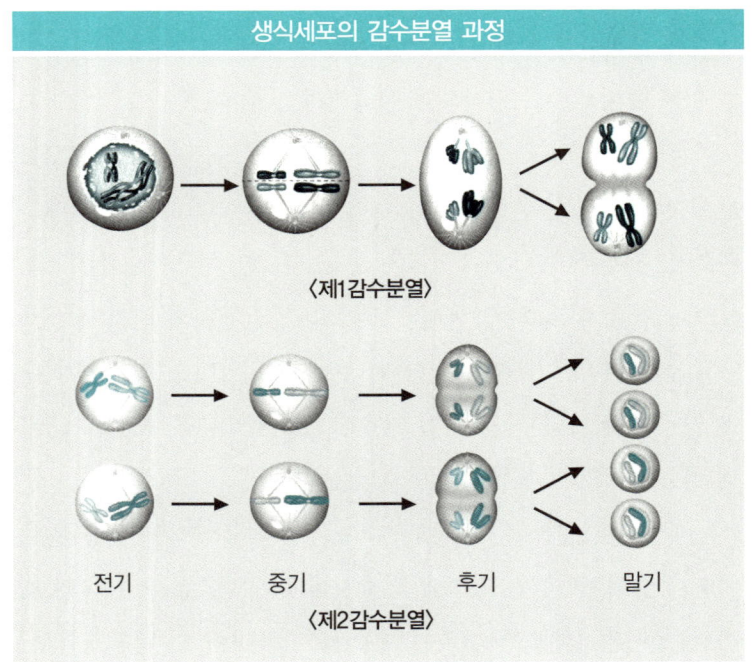

계화는 유전학이 전문 분야로 확립되는 데 있어 중요한 역할을 수행했다고 할 수 있다.

유전자가 염색체에 들어 있다는 서턴의 이론은 염색체설로 불리게 되는데, 이러한 유전자와 염색체 사이의 연관성에 대한 관심이 점점 높아지면서 유전자의 기반이 되는 염색체가 집중적인 연구 대상이 되었다. 그 중심에는 미국의 토머스 모건$^{Thomas\ Morgan,\ 1866~1945}$이 이끈 이른바 '모건학파'로 불리던 일단의 그룹이 자리하고 있었다. 컬럼비아 대학에서 유전자 연구에 돌입한 모건과 대학원생들은 실험 대상으로 초파리$^{Drosophila\ melanogaster}$(노랑초파리)를 선택했다. 멘델의 완두콩처럼 모건의 초파리 역시 유전 연구에 있어 환상적인 이점을 가지고 있었다. 생식주기가 짧은 초파리는 바나나를 먹이 삼아 쉽게 증식할 뿐 아니라 유전적 변이를 뚜렷이 보여줌으로써 다음 세대에게 형질을 전달하는지 여부 또한 쉽게 파악할 수 있었다. 모건 그룹은 초파리의 교잡 실험을 통해 날개 크기와 눈 색깔의 변이, x(여성)과 y(남성) 암수를 결정하는 성염색체의 존재를 발견함으로써 유전자의 운반체가 바로 염색체라는 가설이 옳았음을 입증했다.

이 실험 중에 모건은 이따금씩 흥미로운 현상이 발생하는 것을 목격했다. 멘델의 유전법칙을 충실히 따를 것으로 생각했던 초파리의 교배 실험에서 그의 예상을 깨고 돌연변이가 발견된 것이다. 순수한 붉은 눈 계통의 초파리와 흰 눈 계통의 초파리 교배를 통해 태어난 1세대 자손들은 두 눈이 모두 붉었다. 여기까지는 멘델의 유전법칙과 맞아떨어졌고, 모건은 초파리 눈의 경우 붉은 눈의 형질이 바로 우성유전자에 따른 것이라고 확신했다. 하지만 눈이 붉은 제1세대 자손들을 자가교배한 결과는 당황스러웠다. 멘델의 이론에 따라 흰 눈 초파리 한 마리에 붉은 눈 초파리 세 마리가 나올 것이라고 예상했으나 실제로는 그 비율이 맞지 않았을 뿐 아니라 심지어 눈이 흰 암컷은 한 마리도 없었다.

모건은 이 현상을 흰 눈의 유전자가 수컷의 성과 연결되어 있다고 해석함으로써 유전형질이 독립적이 아니라 서로 연관되어 있다고 보았다. 이는 과거 베이트슨이 제기한 연관현상에 대한 또 하나의 근거를 제공하는 것이었다. 초파리 실험을 통해 모건은 유전자가 염색체 위에 선상으로 매우 근접하게 배열된 채 연관되어 있으며, 개체의 형질은 염색체에 쌍을 이루어 존재하는 유전자에 따라서 결정된다는 사실을 증명했다.

이러한 연관현상에 대한 개념은 훗날 낭포성섬유증*이나 헌팅턴병*과 같은 질병과 관련된 유전자를 발견하는 데 중요한 실마리가 되었다.

○ **낭포성 섬유종**
점액성점착증이라고도 불리며, 백인에게 주로 나타나는 선천성 유전질환이다. 호흡기관과 소화기관에 비정상적으로 진하고 끈적끈적한 점액 분비물이 달라붙어 폐와 이자의 이상을 유발하기 때문에 소화효소가 소장에 도달할 수 없게 만드는 병으로 만성 호흡기 감염, 만성적 폐렴, 점진적인 폐 기능 상실 등 각종 폐 질환을 일으킨다. 또한 환자의 땀에 있는 염분의 양을 높여 생식기관의 이상을 동반하기도 한다.

○ **헌팅턴 병**
뇌의 신경세포가 퇴화하면서 발생하는 선천성 중추신경계 질병으로, 인구 10만 명당 4~8명의 환자가 있는 것으로 추정되는 유전병이다. 주로 중년기에 많이 발생하는데, 신체 근육이 자신의 의지와 무관하게 움직이고, 치매와 기억상실 등을 동반하는 등의 증상을 보인다. 대부분 발병 후 15~20년 이내에 사망하는 아주 치명적인 병이다.

이 밖에도 모건은 제자인 앨프리드 스터티번트 Alfred Sturtevant, 1891~1970 와 함께 염색체상 유전자들의 상대적 위치를 나타내는 유전자지도를 작성하기도 했다. 모건학파의 연구 결과는 1915년 《멘델 유전의 메커니즘 The Mechanism of Mendelian Heredity》에 이어 1926년에는 《유전자 이론 The Theory of the Gene》으로 출간됨으로써 염색체의 역할, 그리고 유전자가 부모로부터 자식에게 어떻게 형질을 전달하는가에 관한 확고한 이해의 토대를 제공했다. 유전자 이론에 대한 이러한 업적을 인정받아 모건은 1933년 노벨 생리·의학상을 수상했다.

또한 모건학파의 이른바 '초파리 유전학'은 미국 고전유전학을 제도화·이론화하는 전환점이 되었다. 미국에서는 이미 19세기 말부터 대학이 발전하면서 생물학 분야가 전문화되고 있었다. 이 과정에서 배출된 생물학 군단이 농과대학 부설 농업연구소에서 멘델 유전학의 실용화를 위해 육종과학 연구프로그램을 수행하면서 농업유전학이 체계적으로 시도되었다.

한편 유전과 교배에 대한 연구가 새롭게 떠오르면서 생물학 연구의 주류가 19세기 말의 세포학과 발생학으로부터 20세기 초 유전학으로 급속히 이동하기 시작했다. 그때까지는 세대 간 형질 전달을 연구하는 유전학 분야와 세포의 구조를 연구하는 세포학이 분리되어 있었다. 그런데 유전물질이 염색체 위에 있다는 사실이 규명되면서 고전유전학의 전성시대가 활짝 열린 것이다. 그러한 변화를 견인한 것이 바로 모건의 초파리 유전학이었다.

염색체 속으로 단백질 vs. DNA

염색체상에 유전자가 존재한다는 것이 밝혀진 이후, 유전학 연구는 염색체의 구조에 집중되었다. 이러한 노력 덕에 DNA 구조 발견을 향한 현대 생물학의 혁명이 시작되었다. 오늘날에는 염색체를 구성하는 주요 물질이 단백질과 핵산임이 알려져 있지만, 그때만 하더라도 유전자를 구성하는 실제 물질이 무엇인지는 제대로 알려지지 않았다.

이러한 의문은 유전학과는 무관한 생화학자들의 노력으로 해결의 실마리를 찾게 된다. 스위스의 화학자 요한 미셰르 Johann F. Miescher, 1844~1895는 세포핵에 관심을 가지고 그 화학적 성분을 분석하기 위해 노력했다. 백혈구는 다른 세포와 달리 핵의 크기가 커 분석이 쉬웠기 때문에 그는 인근 병원에서 버린 붕대에 묻은 고름에서 백혈구를 얻어 핵을 추출했다. 핵을 분석한 결과 미셰르는 그 당시까지 알려지지 않았던 새로운 물질을 발견하게 되는데, 이를 핵 속의 물질이라는 의미인 뉴클레인 nuclein 이라고 불렀다(1869). 이 물질의 두드러진 특징은 강한 산성을 띤다는 점과 인 함량이 높은 거대 분자량을 가지고 있다는 것이었다. 얼마 뒤 미셰르는 연어의 정자에서도 동일한 물질을 성공적으로 추출했고, 그가 막연히 이름을 붙인 뉴클레인은 제자들에 의해 핵 속에 존재하는 산성물질이라는 뜻의 핵산 nucleic acid 이라는 이름을 얻게 되었다. 추출 당시 미셰르가 그 의미를 알고 있었는지는 논란이 있으나 어쨌든 이는 역사상 최초로 순수하게 DNA를 추출한 사례가 된 셈이었다.

　미셰르는 자신이 발견한 핵산 DNA의 역할에 대해서 구체적인 추론을 내놓지는 못했다. 그러나 그가 숙부에게 보낸 편지에서는 생체 내의 몇 가지 고분자물질은 기본 단위 물질의 수많은 연결로 구성되어 있기 때문에 어쩌면 이들 고분자물질이 생물의 다양한 유전형질을 나타내는 주인공일지 모른다고 적고 있으며, 나아가 DNA를 그러한 주인공의 후보 자리에 올려놓는 선견까지 보여주었다.

　그러나 미셰르의 이러한 추론은 20세기 초까지만 해도 받아들여지기 힘들었다. 당시는 생체 내 단백질이나 DNA 같은 커다란 고분자물질에 관한 물리화학적 지식이 부족했을 뿐만 아니라 이런 물질을 다루는 기술 역시 개발되지 않았던 상황이었고, 그때까지만 해도 유전물질일 가능성이 가장 높은 것으로 주목을 받은 것은 단백질 분자였다. 우리 몸 안에 침입한 이물질을 인식하고 제거하는 항체나, 헤모글로빈 같은 산소 운반체 등은 대부분 단백질로 이루어져 있다. 게다가 우리 몸 안에서 일어나는 대부분의 복잡한 반응은 수많은 종류의 효소가 촉진하는데, 이 효소 역시 모두 단백질이다. 이런 사실을 바탕으로 20여 가지의 아미노산이 결합되어 매우 복잡한 기본 구조를 가지고 있는 단백질이 생명체의 복잡한 현상을 설명할 수 있는 가장 유력한 틀로 자리매김한 것이다. 유전물질의 실체에 대해 깊이 있게 탐색하고 해부하기에는 아직까지 갈 길이 많이 남아 있었던 셈이다.

유전자는 단백질인가?

19세기 후반 미셰르가 핵산의 존재를 확인하고, 그로부터 DNA의 개념이 등장했지만 그것이 형질 유전에 중요한 역할을 한다는 사실은 아직 상상조차 하기 힘들었다. 대신 여러 가지 정황으로 인해 단백질의 유전물질설에 무게가 실리는 형국이었다. 유전물질로서의 단백질을 지지하는 가장 커다란 근거는 생명체 내부에서 일어나는 화학반응과 유전자 사이의 연관성이었다. 그리고 이러한 연관성에 대한 암시는 오래전부터 제기되었다.

1902년 영국 런던의 성 바르톨로메오 병원 의사였던 아치볼드 개로드$^{Archibald\ Garrod,\ 1857\sim1936}$는 특정 유전병이 인체의 물질대사를 담당하는 한 효소와 관련이 있다는 사실을 발견하고 유전자가 효소의 생성까지 관장한다는 주장을 내놓았다.

개로드는 소변이 공기 중에 노출되면 색깔이 검게 바뀌는 알캅톤뇨증^{Alkaptonuria} 환자를 치료하고 있었는데, 그 원인은 호모젠티스산 산화요소$^{homogentisic\ acid\ oxidase}$의 결핍에 의한 티로신^{tyrosine} 대사의 이상이었다. 개로드는 이와 같은 선천성대사장애로 인한 질환이 생화학적 반응에 필요한 특정 효소의 결핍 때문에 생긴다고 추론했다. 효소는 생명활동과 밀접한 거의 모든 생체 내 화학반응을 촉매하는 단백질이다. 즉 유전성일 것으로 의심되는 알캅톤뇨증의 발현이 효소의 유무에 따라 결정된다는 것은, 바로 유전의 유전자와 효소 사이에 직접적인 연관이 있다는 것을 의미하는 것이었다.

여기서 더 나아가 조지 비들$^{George\ Beadle,\ 1903~1989}$과 에드워드 테이텀$^{Edward\ Tatum,\ 1909~1975}$은 붉은빵곰팡이 실험(1941)을 통해 유전자가 효소의 형성과 관계가 있음을 밝혀냈다. 이 실험은 유전의 문제를 생화학적인 차원에서 본격적으로 접근한 것으로 평가받고 있다.

붉은빵곰팡이의 돌연변이는 정상적인 붉은빵곰팡이보다 더 많은 영양분을 주어야 성장할 수 있다. 어떤 것은 특정한 아미노산을 공급해야 했고, 어떤 것은 특정한 비타민을 공급해야 했다. 즉 정상적인 곰팡이와 돌연변이 곰팡이의 차이는 스스로 영양분을 만들어낼 수 있는지의 여부다. 정상적인 곰팡이는 다른 화학물질을 이용해서 자신에게 필요한 아미노산이나 비타민을 만들어냈지만, 돌연변이 곰팡이들은 그렇지 못했다.

비들과 테이텀은 실험을 통해 특정한 효소의 생성에 특정한 유전자가 관련되어 있음을, 즉 어떤 유전자의 돌연변이가 그에 상응하는 효소의 결핍을 불러온다는 사실을 확인했다. 달리 말해 이는 유전자가 물질대사에서 담당한 역할은 효소를 생성하는 일이며 모든 유전자는 각각 하나의 효소 생성과 관계가 있다는 것을 의미했다. 이를 바탕으로 '1개의 유전자가 1개의 효소 형성을 지배한다'는 1유전자-1효소설이 생물학자들 집단에서 자연스럽게 받아들여졌다.

이리하여 1940년대 말에서 1950년대 초의 시기에는 유전자가 특정 효소, 즉 단백질의 생산을 통제하는 방식으로 세포 대사작용을 조절한다는 설명이 널리 받아들여졌다. 아울러 단백질과 유전자의 깊은 연관성을 각인시킨 붉은빵곰팡이 실험은 과거 초파리 연구로부터 염색체 유전학이 시작되었던 것처럼 생화학적 유전학의 길을 열었다. 이러한 공적으로 비들과 테이텀은 1958년 노벨상 공동수상의 영예를 안았고 그들의 실험 결과는 그전까지만 해도 서로 관계없이 존재해왔던 유전학과 생화학 사이의 다리가 되었다. DNA 구조가 발견됨으로써 유전학, 생화학 그리고 생물리학이 서로 융화되기 시작했음을 볼 때, 비들과 테이텀의 실험은 그러한 협력의 첫 단추를 꿴 것이다.

파지그룹의 등장과 DNA의 조명

1930년대 미국 모건그룹의 연구가 그 근거지를 컬럼비아 대학에서 캘텍^{Caltech}(캘리포니아 공과대학)으로 이동하면서 유전학과 진화론의 만남이 이루어지고 있었다. 그곳에서는 새로운 형태의 유전학 모임이 시작되고 있었으니, 그것이 바로 파지그룹$^{Phage\ Group}$이었다. 파지그룹이란 세균에 감염되어 세포 내에서만 증식하는 바이러스인 박테리오파지^{bacteriophage}를 대상으로 유전에 관한 연구를 진행한 과학자들을 지칭하는 말이다.

이론물리학 박사학위까지 받은 막스 델브뤼크$^{Max\ Delbrück,\ 1906~1981}$는 생물학으로 전공을 바꾸고, 미국 유전학의 본산이라고 할 수 있는 모건 실험실에 정착해 파지그룹에서 핵심적 역할을 담당하게 된다. 그러나 그에게는 모건의 초파리 유전학 체계가 너무 복잡해 보였다. 그의 지론은 생명의 신비를 밝히기 위한 생물학적 체계는 될 수 있는 한 단순해야 한다는 것이었다. 그는 이미 20세기 최고 물리학자 닐스 보어 Niels Bohr, 1885~1962 의 양자역학에 견줄 만한 생물학의 기본 사유체계를 확립할 필요가 있다고 확신하고 있었다. 양자역학의 핵심은 물질을 가장 기본적인 단계인 원자 수준에서 연구하는 것이다. 델브뤼크 역시 생명체 연구를 위한 기본 체계는 생물체 중에서 체제가 가장 간단한 박테리오파지로부터 시작할 수 있다고 보았다. 스스로 증식하지 못하고 다른 생물의 세포에 기생하는 감염성 생물을 총칭하는 박테리오파지는 생물과 비생물의 중간에 있는 간단한 생물이지만, 그래도 단백질로 덮여 있는 DNA 유전물질을 가지고 있다. 델브뤼크는 박테리오파지가 생물학의 기본 입자가 될 수 있다는 믿음을 가지고 시험관 속에서 생명체의 특징과 자기복제에 관한 특성을 연구하고자 했다. 델브뤼크의 파지유전학은 생물학 문제에 대해 물리학적 기술과 개념, 그리고 수량적인 해석을 활용한 새로운 사유 방식이었다. 이는 생명체의 유전을 연구할 수 있는 독창적이고 혁명적인 길을 열어준 것이었다.

1940년대 중반 파지그룹이 처음 만들어질 때는 규모도 매우 작았고 그럴듯한 뼈대도 갖추지 못했다. 따라서 연구 방법의 일

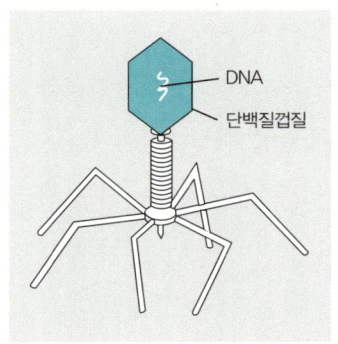

박테리오파지

관된 체계와 접근 방식 확립을 위해 델브뤼크가 주도한 이른바 '파지협정'이 맺어졌다. 델브뤼크는 파지 연구를 7종의 파지(T1에서 T7까지)에 집중하고 숙주인 박테리아도 대장균 Escherichia coli의 특정 균주와 그 돌연변이 주에 초점을 맞추도록 제안하여 이 협정을 성립시켰다. 또한, 파지그룹의 사회적 교류의 장도 만들어졌다.

델브뤼크는 뉴욕주에 위치한 콜드 스프링 하버 연구소 Cold Spring Harbor Laboratory를 파지그룹의 거점으로 삼아 파지 연구의 아이디어와 성과를 공유하기도 했다. 이러한 조직 정비 과정에서 델브뤼크의 개인적인 매력이 파지그룹 구성원들에게 긍정적인 영향을 미쳤다. 특히 보어의 통솔 방식을 추종한 그는 파지그룹의 생물학 연구에 이를 그대로 적용했다. 델브뤼크는 파지그룹 내에서 위계질서를 추구하기보다는 자유로운 토론 문화를 이끌어냈다. 이로써 끊임없는 의문 제기와 포용의 정신이 구성원들 사이에 공유되었다.

파지그룹은 눈에 띄는 외형적 성장을 거두어 구성원이 100여 명에 이르게 되지만, 그 규모나 과학적인 성과까지 창대한 것은 아니었다. 다만 파지그룹 구성원들의 지적 활기와 개척정신이 훗날 분자생물학이라는 새로운 생물학 분야의 시대를 여는 씨앗이 되었다.

파지그룹에는 그룹의 창시자인 델브뤼크 외에 또 한 명의 리더로 샐버도어 루리아 Salvador Luria, 1912~1991가 있었다. 루리아는 이탈리아 출신으로 인디애나 대학에서 유전학 교수로 재직 중이었다. 그는 델브뤼크와 함께 박테리오파지의 유전학적 연구에 착수해 세균의 돌연변이, 그리고 파지의 유전물질에 대한 변화와 증식 등을 파헤친 파지유전학의 선구자 가운데 한 명이었다. 바로 이 루리아의 지도 아래 인디애나 대학에서 박사과정을 마친 이가 왓슨이었다.

파지유전학 분야의 박사학위 논문을 준비했던 왓슨이었기에 유전자로서 DNA에 대한 관심이 특별할 수밖에 없었다. DNA 이중나선 구조의 발견에는 파지그룹의 지적 영향이 직·간접적으로 드리워져 있었던 것이다.

단백질과 DNA의 계속되는 힘겨루기

파지그룹의 등장과 함께 미생물이 생물학계의 관심과 조명을 받기 시작했다. 특히 유전학 분야에서는 단백질과 DNA 중 어느 것이 유전물질인가를 둘러싸고 논쟁이 이는 가운데 박테리아에 관심이 모아졌다. 1928년 런던 보건부의 의료관인 프레더릭 그리피스 Frederick Griffith, 1877~1941는 폐렴 치료법을 찾느라 폐렴을 일으키는 박테리아인 폐렴쌍구균을 연구하던 중 중대한 사실을 발견했다. 폐렴쌍구균이 무해한 R형과 유해한 S형 두 가지로 나뉜다는 것을 처음 발견하고는 이 두 가지 유형의 균주로 실험하다가 기이한 현상과 마주친 것이다.

우선 유해한 S형 균을 열로 가열해 죽인 다음 쥐에게 주사했더니 죽은 세균을 받은 쥐는 당연히 폐렴에 걸리지 않았다. 살아 있는 무해한 R형 균을 쥐에게 주사했더니 예상한 대로 역시 아무 일도 일어나지 않았다. 그러나 유해한 S형 균을 가열해서 죽인 다음 살아 있는 무해한 R형 균과 함께 쥐에게 주사하자 쥐는 폐렴에 걸려 죽고 말았다. 그리고 죽은 쥐의 혈액 속에서 살아 있는 유해한 S형 균이 발견되었다. 무엇이 이런 변화를 일으켰을까? 이미 죽은 상태였던 S형 균이 소생했을 리는 없었으므로, 그리피스는 S형 균의 어떤 물질이 살아 있는 R형 균 속으로 들어가 R형의 특성을 S형으로 전환시켰을 것이라고 추론하고, 이러한 현상에 형질전환transformation이라는 이름을 붙였다.

그리피스의 실험을 더욱 발전시켜 형질전환을 일으키는 물질의 구체적인 정체를 밝혀낸 것은 미국 뉴욕의 록펠러 대학에서

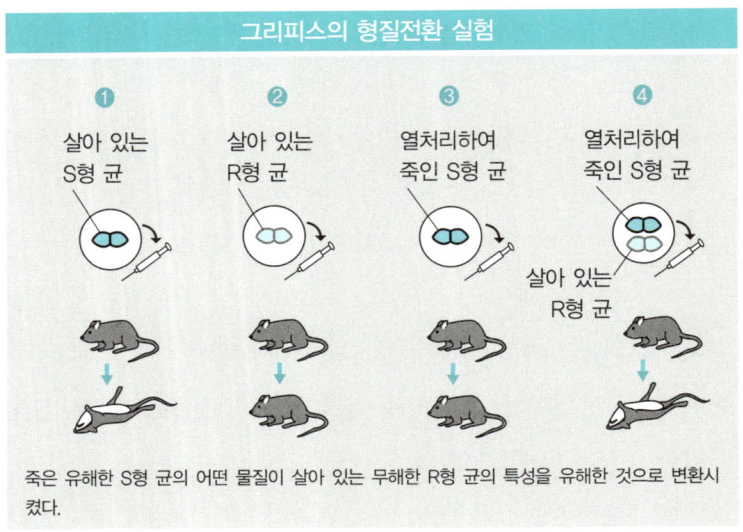

그리피스의 형질전환 실험

죽은 유해한 S형 균의 어떤 물질이 살아 있는 무해한 R형 균의 특성을 유해한 것으로 변환시켰다.

폐렴 치료를 위한 혈청을 개발하고 있던 에이버리였다. 그리피스의 놀라운 실험 결과에 고무되어 이를 직접 재연하는 데 나섰던 에이버리는 마침내 형질전환을 일으키는 물질인자를 분리해 밝혀내기에 이르렀다(1944). 한 걸음 더 나아가 그는 동료인 콜린 매클라우드[Colin MacLeod, 1909~1989]와 매클린 매카티[Maclyn McCarty, 1911~2005]와 함께 형질전환 과정에 관한 새로운 연구에 돌입했다. 그들은 유해한 S형 폐렴쌍구균을 얼렸다가 녹여서 세포를 파괴한 다음, 고속 회전장치인 원심분리기를 이용해 세포액과 부서진 S형 껍질을 분리했다. 이 액체를 무해한 R형 폐렴쌍구균에 첨가하자 그 세균은 놀랍게도 S형 균으로 바뀌었다. 이는 형질전환의 원인이 되는 물질이 세포액 내에 존재한다는 사실을 의미하는 것이었다.

이제 에이버리는 다양한 화학물질과 효소를 이용해 세포액에 있는 물질을 하나하나 추출한 뒤 이를 무해한 폐렴쌍구균에 섞어보았다. 이때 단백질을 제외하고 남은 물질만이 R형을 S형으로 형질전환시키는 능력을 보여줬다. 에이버리는 그 남은 물질이 디옥시리보핵산, 즉 DNA와 일치한다고 주장했다.

세포핵의 염색체 안에 DNA가 존재한다는 것이 새로운 사실은 아니었다. 앞에서도 말했듯이, 이미 1869년에 미셰르가 그 물질을 발견했다. 그러나 사람들은 DNA가 유전과 관련해 어떤 역할을 수행할 것이라는 주장은 다소 허황된 것으로 생각해왔다. DNA 역시 단백질처럼 거대 분자임에는 틀림없지만, 생명체의 다양성을 구성하는 데 필요한 수십억 가지의 형태를 담기에는 터무니없이 부족해 보였던 것이다.

DNA는 단지 인산, 당, 염기를 함유하는 뉴클레오티드가 단조롭게 반복되며 연결된 기다란 사슬에 지나지 않는다는 것이 중론이었다. 에이버리 역시 처음에는 자신이 실험하는 도중에 실수를 저질렀을 것이라고 가정했다. 형질전환의 원인물질로 추출해낸 DNA에 실은 단백질이 부착되어 있을 것이라 생각하고 그 존재 여부를 확인하기 위해 DNA에 모든 단백질을 파괴하는 효소를 첨가했다. 결과는 형질전환 능력에 효소의 영향력은 없는 것으로 나타났고 DNA는 단백질 없이도 폐렴쌍구균의 형질전환을 가져온다는 사실을 인정할 수밖에 없었다. 결국 에이버리 연구팀은 이 모든 결과를 상세히 기술한 논문에서, DNA가 R형 폐렴쌍구균에서 S형으로 형질전환을 가져오는 기본 단위라는 주장을 조심스럽게 제기했다. 마침내 유전자가 단백질이 아니라 DNA일 개연성이 높다는 것을 의미하는 역사적인 실험 결과가 소개되는 순간이었다.

그러나 묘하게도 에이버리의 실험 결과는 쉽게 받아들여지지

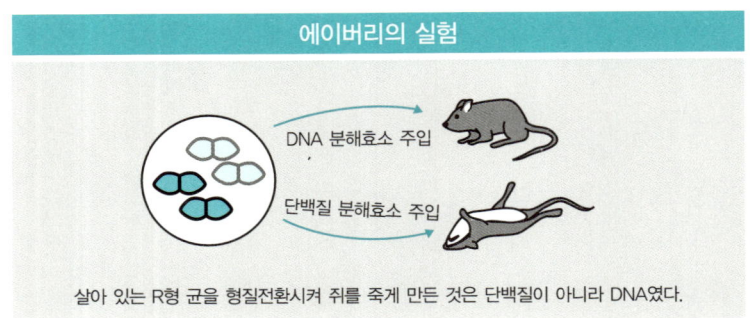

에이버리의 실험

살아 있는 R형 균을 형질전환시켜 쥐를 죽게 만든 것은 단백질이 아니라 DNA였다.

않았다. 그 원인으로 다음과 같은 몇 가지를 생각해볼 수 있다. 먼저 폐렴쌍구균이라는 실험 대상 자체가 매우 낯설었던 것이다. 에이버리의 실험 내용과 함의를 가장 잘 이해할 수 있는 생화학자들에게 폐렴쌍구균은 생화학적 분석 측면에서 그다지 잘 알려진 세균이 아니었다. 따라서 에이버리의 결론은 동료 생화학자들의 확신을 이끌어내기에는 부족한 면이 있었다. 아울러 세균에 유전자가 있다는 가정 또한 그 당시로서는 온전히 받아들이기 힘든 것이었다.

에이버리의 실험에 대한 무관심과 저항을 불러일으킨 또 하나의 원인은 에이버리가 실험 결과를 출간한 방식에 있었다. 에이버리는 본디 의학자였던지라 실험 결과를 담은 논문 역시 생리학자나 병리학자들이 주로 읽던 《실험의학저널Journal of Experimental Medicine》에 발표했다. 결국 그의 논문은 독자층의 특성상 다른 논문 틈에 파묻혀 훗날 유전학자나 생화학자들이 발견할 때까지 그 진가를 인정받지 못했다. 이를 가리켜 어떤 사람은 '분자생물학의 멘델 사건'이라고 평가하기도 했다.

이 같은 다소 지엽적이고 심지어 어이없기까지 한 이론 외적인 측면의 악재와 더불어, 단백질이 유전물질일 것이라는 당시의 뿌리 깊은 믿음은 형태를 조금씩 바꾸어가며 그의 이론에 대한 반론의 근거로 작용했다. 그중 하나가 형질전환 인자는 흔히 고등생물의 염색체에서처럼 DNA와 밀접하게 결합한 단백질일 것이라는 주장이었다. 유전자의 정체를 단백질에서 찾는 이 이론은 단백질이 세포 내에서 다양한 화학반응을 결정할 수 있다는 사실에 근거를 두고 있었다. 물론 지금은 이런 단백질이 효소라고 불린다. 당시 에이버리의 록펠러 대학 동료들은 수많은 효소를 순수분리해 결정화했고, 이들의 단백질적 성질을 증명하는 데 열중하고 있었다.

단백질이 유전물질의 주된 구성물이라는 가설에 유리하게 작용했던 또 다른 증거는 바로 앞서 말한 비들과 테이텀의 1유전자 1효소설이었다. 이들은 많은 대사 과정에 결정적인 역할을 담당하는 효소가 유전자들의 긴밀한 조절 아래에 있다는 사실을 보여준 바 있다. 비들과 테이텀은 유전자와 효소를 근접시켰고 대다수 생물학자들이 유전자가 효소나 단백질과 동일체임을 어느 정도 인식하도록 도와줬다. 그 결과 유전적 특이성의 원인은 단백질에서 기인하는 것으로 이해되었다.

유전자 후보로서 단백질의 우세한 지위에 DNA가 대항하기 위해서는 무엇보다도 DNA가 유전물질로 적합하지 않다고 생각하는 과학자들의 인식 변화가 시급했다. 이미 DNA가 염색체의 주요 성분이라는 사실은 잘 알려져 있었기에, 누군가 DNA를 유전자 후보로 꼽는다고 이상할 것은 없었다. 그러나 DNA에 대한 지식이 쌓이면 쌓일수록 사람들은 DNA가 복잡한 유전현상을 설명하기에는 구조적으로 부족하다고 생각하는 경향을 보였다.

1919년 피버스 레빈$^{Phoebus\ Levene,\ 1869\sim1940}$이 주장한 4중 뉴클레오티드^{tetranucleotide} 모델에 의하면, DNA는 네 개의 염기(아데닌, 티민, 구아닌, 시토신) 각각에 당과 인산이 결합된 네 종류의 뉴클레오티드가 차곡차곡 포개어 합쳐진 사슬식 연결체였다. 이렇듯

DNA는 어찌 보면 극히 단조로운 분자였기에 그것이 감히 실용적인 유전정보를 전달할 것이라고는 상상할 수 없었다. 또한 에이버리가 얻은 결과를 어떻게 해석해야 할지에 대한 방향 설정이 부족했던 것도 역시 원론적인 한계를 가져왔다. 이는 DNA를 둘러싼 연구자들의 역량이 모자라서가 아니라, DNA의 중요성에 대한 인식이 결여됐던 데서도 그 원인을 찾을 수 있다.

에이버리 팀은 처음으로 DNA가 형질전환 인자임을 주장했지만 그것을 수용하는 데 있어서는 유전학자와 생화학자 집단 사이에 차이가 있었다. 생화학자 집단은 처음부터 에이버리의 결과에 대해 진지하게 접근하지 않았다. 유전물질이 단백질일 거라는 당시의 지배적인 주장을 뒤집기에는 그들이 DNA 순수분리 실험에 대해 품었던 의구심과 불신이 너무 강했다. 무엇보다도 이론적 증거를 선호하는 생화학자들에게는 DNA의 역할을

DNA를 구성하는 네 가지 염기

아데닌(A)   구아닌(G)

티민(T)   시토신(C)

보여주는 에이버리의 관찰과 실험 결과보다 그에 대한 이론적 해명이 더욱 시급했다. 거기에 단백질이 유전자라는 주장이 이미 팽배한 상태에서 생화학자 집단은 쉽게 포기하기 어려운 관성의 힘을 보이고 있었다.

그러나 에이버리 팀의 실험으로 DNA 유전자론이 자리잡아가는 동안 이루어진 유전학과 생화학 전통의 만남은 이후 분자생물학으로의 통합을 향해 나아가는 첫 실마리가 되었다. 이러한 결합에 대해 훗날 유전자로서의 DNA 발견 50주년 기념 강연 (1994년 록펠러 대학)에서 스웨덴 출신의 신경생물학자 토르스텐 비셀Torsten Wiesel, 1924~ 은 "에이버리와 매클라우드, 매카티의 결과물은 현대 생물학과 의학의 시대로 나아가는 진정한 수문을 열어주었다"라고 평가했다.

쌓이는 증거, DNA의 부상

에이버리의 실험 결과가 쉽게 수용되지는 않았지만 유전현상에서 DNA 역할의 중요성에 대한 인식은 조금씩 변하고 있었다. 1948년 프랑스의 앙드레 부아뱅André Boivin, 1895~1949은 정자와 난자의 생식세포가 다른 체세포 DNA의 절반밖에 되지 않는다는 사실을 발견했다. 이는 과거 정자와 난자의 생식세포는 염색체를 절반밖에 갖지 않는다는 보베리와 서턴의 주장과 일치하는 것이었다. 다시 말해서 DNA가 유전물질일 개연성이 한층 높아진 것이었다.

또한 에이버리의 실험 결과가 빛을 보지 못하고 외면당하는 동안, 그 결과에 대한 추가 및 보충의 의미를 지닐 수 있는 중요한 실험 결과 하나가 발표되었다. 과학실험을 분류하는 방법에는 여러 가지가 있을 수 있지만 실험 의도와 결과의 예상 여부에 따라 크게 두 가지로 나눌 수 있다. 하나는 앞에서 자세히 말한 에이버리 팀의 경우처럼 연구자가 예상치 못한 새로운 현상을 실험을 통해 탐색하는 것이다. 다른 하나는 예측의 폭이 한정되어 있기는 하나 어느 정도 결과를 예상하고 실험을 진행하는 경우다. 이 유형의 실험은 단지 예상되는 결과를 실제로 명쾌하게 입증하는 것을 목적으로 한다. 1952년 콜드 스프링 하버 연구소에서 파지그룹의 일원인 앨프리드 허시$^{\text{Alfred Hershey, 1908~1997}}$와 연구보조원 마사 체이스$^{\text{Martha Chase, 1927~ 2003}}$가 실시한 실험이 바로 이러한 범주에 속했다. 이들은 박테리오파지의 증식에서 가장 중요한 역할을 하는 것이 DNA임을 증명하는 한 무리의 실험을 보여주었다.

'박테리아를 감염시키는 바이러스'라는 뜻의 박테리오파지는 DNA로 이루어진 중심부를 단백질 외피가 싸고 있는 단순한 구조로 되어 있다. 허시와 체이스는 T2 파지가 박테리아를 감염시킬 때 박테리아 내부로 파지의 유전물질이 주입되는 반면 그 껍데기인 단백질은 외부에 남게 되는 것을 발견했다.

허시와 체이스는 자신들이 고안한 독특한 실험 방법으로 박테리아 감염의 원리를 발견했다. 그들은 방사성물질로 표지된 분자를 사용하는 파지의 증식 과정을 추적했다. 구체적으로 T2 파지가 대장균을 감염시키는 과정에서, 단백질의 구성 성분인 ^{35}S과 DNA를 구성하는 ^{32}P의 위치에 주목했다. ^{35}S와 ^{32}P는 방사성동위원소로, 그들이 내는 방사선에 의해 추적할 수 있으므로, 이를 통해 각각 단백질과 DNA의 위치와 행동을 파악하는 일이 가능한 것이다.

이들 추적자들의 움직임을 관찰한 결과 파지에 의해 감염된 대장균의 세포 내부에서는 오직 DNA를 구성하는 ^{32}P만이 발견되었다. 이것은 파지를 구성하는 단백질과 DNA 중 대장균 속으로 들어가는 것은 DNA뿐이라는 것을 의미한다. 그런데 뒤이은 관찰 결과는 파지에 감염된 대장균 내에서 수많은 파지가 복제되어 대장균을 뚫고 밖으로 나오는 것으로 나타났다. 파지에 관련된 물질이라고는 오로지 DNA밖에는 없는 대장균의 세포 속에서, 파지가 복제된 것이다. 이것은 마치 파지복제의 주체, 즉 유전물질의 주인공을 찾는 수사극에서 DNA가 '내가 범인이오' 하고 나선 것과 같은 형국이었다!

허시와 체이스의 논문에 소개된 실험은 박테리오파지의 증식에 관여한 구성성분, 즉 유전자가 바로 DNA라는 사실을 보여주었다. 이 과정에서 박테리오파지 DNA를 둘

○ 방사성동위원소

원자번호는 같으나 질량수가 다른 원소를 동위원소라고 하는데, 이러한 동위원소 중에서 방사능을 지니고 있는 것을 방사성동위원소라고 한다. 방사성동위원소는 천연에서 발견되는 것이 50여 개, 인공적으로 만들어진 것이 약 1,100여 개가 되며, 아주 미량만 있어도 검출할 수 있는 방사선을 내기 때문에, 이것을 기준으로 물질의 이동을 쉽게 추적할 수 있다.

러싸고 있는 단백질 외피는 DNA를 보호하면서 주사기처럼 DNA를 박테리아 내부로 주입시키는 기능만을 한다는 사실이 드러났다.

유전현상에서 DNA의 중요성이 점차 인식되어가던 1944년에서 1952년의 시기, 에이버리 팀의 연구가 고립되어 있던 것과는 달리 파지그룹에 속해 있던 허시와 체이스의 실험은 네트워크를 통해 퍼져 나가게 되었다. 훗날 1969년 허시는 바이러스를 통해 유전현상의 본질을 규명한 공으로, 파지그룹의 멘토인 델브뤼크, 루리아와 함께 노벨상을 수상한다. 허시와 체이스의 박테리오파지 증식 실험은 유전물질로서의 DNA의 중요성에 또 하나의 논리적 증거를 제시했다. 이제 좀 더 근본적인 논란을 해명하기 위한 생물학의 다음 과제는 DNA의 3차원 구조를 밝히는 것이 되었다. 마침내 박테리오파지 실험 바로 11개월 뒤인 1953년

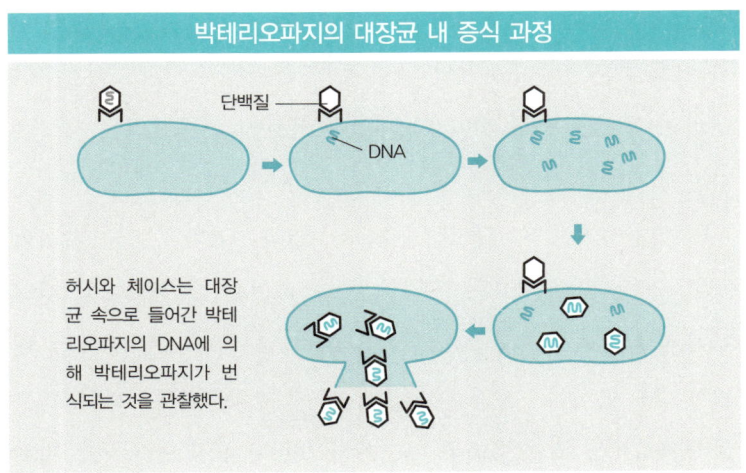

박테리오파지의 대장균 내 증식 과정

허시와 체이스는 대장균 속으로 들어간 박테리오파지의 DNA에 의해 박테리오파지가 번식되는 것을 관찰했다.

왓슨과 크릭이 이중나선 구조를 발견한다.

DNA의 중요성과 관련한 또 하나의 새로운 충격으로는 '샤가프의 비율'로 알려진 연구 결과를 들 수 있다. 뉴욕 컬럼비아 의과대학의 생화학교실을 맡고 있던 어윈 샤가프$^{\text{Erwin Chagaff, 1905~2002}}$는 1950년경 에이버리 연구팀의 연구 결과(1944년 발표)를 접하고 일종의 지적 전향을 불러일으킬 만큼 자극을 받아 DNA 연구에 착수했다. 그는 훗날 1969년 핵산 발견 100주년 기념 강연에서 자신이 DNA 연구에 뛰어든 계기가 바로 에이버리의 실험이었다고 말했다.

강력한 추진력과 철저한 성실성을 겸비한 샤가프는 생명체의 서로 다른 형질을 설명하기 위해 생명체마다 DNA 조성에 차이가 있는지 알고자 DNA의 염기를 정량적으로 분석했다. 샤가프는 효모와 결핵의 원인인 박테리아를 비교한 뒤 이들 종 사이에 DNA 염기의 상대적 함량비에 차이가 난다는 것을 발견했다. 즉 종에 따라 DNA 내 염기의 비율이 다르다는 것이다. 더욱 중요한 것은 같은 종끼리는 아데닌의 수와 티민의 수가, 그리고 구아닌의 수와 시토신의 수가 항상 같은 양으로 존재한다는 사실을 알아낸 것이다.

1949년 샤가프의 비율로 발표된 이 결과는 A와 T, 그리고 G와 C의 함량이 각각 같다는 규칙성을 의미하는 것이었지만, 정작 샤가프는 그러한 규칙성이 무엇을 의미하는지에 대한 연구는 더 진행하지 못했다. 결국 단백질이나 기타 고분자와 구별되기는 하지만, DNA 분자는 너무 단순해서 생명체에 필요한 모든 명령을 제공할 수는 없다는 시각이 대세였다. 따라서 DNA의 기다란 사슬 분자가 유전에서 중요한 역할을 한다는 주장은 아직 이른 것이었다. 샤가프의 법칙은 발표 이후 다소 무시받는 위치에 남아 있었다.

1952년 DNA 구조 발견을 1년 앞둔 시점에서 왓슨과 크릭 역시 샤가프와 만나서 샤가프 비율에 대한 주장을 들을 수 있었지만, 그들은 DNA의 4염기가 가진 화학적 조성의 차이에 대해서조차 알지 못했다. 박식한 만큼이나 냉소적이었던 샤가프는 당시 알려지기 시작한 DNA 이중나선 구조에만 매달려 있는 왓슨과 크릭을 두고, '나선을 찾는 약장수'이자 의심스러운 상품을 얼렁뚱땅 팔아 치우려는 '능글맞은 세일즈맨'이라고 혹독하게 비판했다. 그러나 정작 샤가프 자신도 자신이 발견한 비율의 진정한 의미는 전혀 깨우치지 못했다. 샤가프 법칙에서 구현하는 염기의 상보적인 비율이 DNA 복제 메커니즘의 실마리를 찾는 데 결정적인 영감으로 다가온 것은 3년 뒤였다.

분자생물학의 태동과 록펠러 재단

1940년대는 유전물질의 본질에 대한 논란이 진행되는 상황에서 새로운 실험 결과가 축적되던 시기로, DNA 이중나선 구조 발견의 전야와도 같았다. 유전자의 기능을 추구하는 에이버리나 샤가프 같은 생화학자들과 파지를 재료로 해서 유전자의 중심 역할을 규명하는 델브뤼크와 루리아와 같은 유전학자들 사이의 결합을 시도하는 이른바 분자생물학이라는 새로운 전문 분야의 청사진이 그려지고 있었다. 여기에 생체 고분자의 구조를 규명하는 생물리학자들이 분자생물학 분야의 정체성 수립과 전문성 획득에 가세했다. 뒤에서 다루겠지만, 생물리학 분야에서는 주로 X선결정학이라는 물리학적 도구를 사용한 영국이 선두를 달리고 있었다.

일반적으로 과학의 전문화가 완성되어가는 과정에서는 전문훈련과 경험을 갖춘 과학자 군단의 등장과 전문적인 과학활동의 육성과 지원을 구현하는 제도화 단계가 필수적이라 할 수 있다. 전문 과학자의 이론적·지적 기반이 갖추어지더라도 이에 걸맞은 제도적 장치를 마련하는 것은 만만치 않은 과정이다. 그 가운데 새로운 분자생물학 분야의 사회적 중요성을 일깨우는 데 미국 록펠러 재단 Rockefeller Foundation 이 발 벗고 나섰다.

미국 스탠더드 오일 Stadard Oil Co. 의 설립자이자 세계적인 거부였던 존 록펠러 John Rockefeller, 1839~1937 는 격변하는 산업화 사회에서 소외된 인류의 행복 추구와 삶의 질 향상 그리고 사회공동체의 발전을 위해 과학자를 비롯한 학자들의 지식을 활용할 수 있다고 보았다. 미국 최대 규모로 손꼽히는 록펠러 재단은 1913년 설립 이래 기아 근절, 인구 문제 해결, 대학 발전, 기회균등과 문화적 발전 등을 주요 과제로 수행해왔다. 여기서 빠질 수 없는 것이 과학기술 연구 후원체로서의 역할이었다.

록펠러 재단은 20세기 전반 새로운 생물학 분야의 제도화 과정에서 첨병 역할을 수행했다. 관찰기술적 생물학에서부터 실험생물학으로의 이동이 본격화되던 1920년대와 1930년대에, 객관적·수학적 특성이 두드러지는 물리학과 화학을 도구로 생명의 신비를 세포라는 궁극적 단위에서 밝히고자 하는 신생 학문인 분자생물학의 정착을 재단이 후원한 것이었다.

분자생물학이란 말은 1930년대에 록펠러 재단에서 자연과학 분야의 지원을 담당하던 워런 위버 Warren Weaver, 1894~1978가 처음 사용한 용어다. 당시 분자생물학이 분명한 형태로 존재했던 것은 아니지만 위버는 1938년 록펠러 재단에서 집중적으로 지원할 대상 분야로 분자생물학을 지목했다. 1930년대에 초원심분리기 ultracentrifuge를 통해 화학자와 교류하게 되면서 생체 내 거대분자들이 자세히 연구되었고, 이 분자들이 지닌 결정 구조의 특징들이 기술되었던 것이다. 분자생물학의 물리적 인프라 구축 과정에서 재단은 고가의 실험기기와 장치 지원에 많은 노력을 기울였다. 이는 재단이 든든한 재원을 갖추고 있었을 뿐 아니라 첨단 장비의 도입과 활용이야말로 정확한 연구 데이터의 수집과 효과적인 분석, 학제 간 협력 연구를 강화하는 도구가 될 수 있다는 전략적인 판단에 따른 것이었다. 분자생물학의 직접적이고 전폭적인 후원은 캘텍, 스탠퍼드, 위스콘신 등 다수의 대학에 뻗쳐 있었다

록펠러 재단의 연구 후원 전략에 한계가 없는 것은 아니었다. 재단은 대학과의 협력관계를 통해 대학의 기초연구에 천사 역할을 자처하며 전폭적인 지원을 했지만 한편으로는 후원 혜택이

유명한 우수과학자 중심으로 지나치게 편향되었다는 지적도 있었다. 실제로 재단의 수혜를 입은 대상은 캘텍에 있던 모건의 유전학 실험실, 폴링의 실험실, 비들의 실험실 등이었다. 안타깝게도 분자생물학의 패러다임 전환에 긍정적인 역할을 수행한 파지 그룹의 등장은 무관심 속에서 이루어졌다. 어쩌면 분자생물학의 탄생은 록펠러 재단의 후원과 무관하게 생물학자, 생화학자, 유

멘델에서 샤가프까지 주요 생물학자		
멘델 1865	완두콩 실험	우열, 분리/독립의 법칙
미셔르 1869	붕대의 고름에서 핵산 추출	뉴클레인 발견, 훗날 주요 성분이 DNA로 판명
더프리스 1900	왕달맞이꽃 실험	돌연변이설
개로드 1902	알캅톤뇨증 환자 연구	유전자와 효소의 관계
보베리 1902	성게의 난자, 정자의 수정 현상 관찰	염색체가 유전인자의 전달자임을 주장
베이트슨 1904	스위트피 실험	연관현상 발견
모건·스터티번트 1915	초파리 실험	성염색체 존재 발견. 염색체는 유전자의 운반체라는 가설
그리피스 1928	폐렴쌍구균 실험	형질전환의 원리 발견
비들·테이텀 1941	붉은빵곰팡이 실험	1유전자-1효소설
에이버리 1944	폐렴쌍구균 실험	DNA가 형질전환의 주요 인자임을 주장
허시·체이스 1952	대장균 내 박테리오파지 증식실험	DNA가 유전물질임을 증명
샤가프 1952	DNA 염기량 분석	같은 종끼리는 아데닌과 티민의 수가, 구아닌과 시토신의 수가 같은 양으로 존재

전학자들의 긴밀한 공동작업으로 이루어졌다고 볼 수도 있을 것이다.

그럼에도 근대적인 과학 후원체의 역할이 미비했던 당시의 시대 상황에서 록펠러 재단이 분자생물학 태동에 중요한 거점 구실을 한 것은 아무도 부인할 수 없다. 분자생물학의 개념적 정립이 1950년에 리즈 대학^{University of Leeds}의 윌리엄 애스트베리^{William Astbury, 1898~1961}에 의해 구체화되었다면, 록펠러 재단은 제도적 기반을 마련했다고 할 수 있다.

— 만남 4 —

DNA의 밑그림을 그리다

크릭, 생명의 미스터리 규명에 뛰어든 물리학자

1953년 DNA 이중나선 구조의 발견만큼 환상적인 공동연구의 성공 사례로 알려진 것은 드물다. 이중나선 구조의 발견은 어떤 그룹이나 실험실의 성과라기보다는 비범한 두 인물의 과학적 여정과 상보적 능력이 만난 결과로 알려져 있다. 왓슨과 크릭의 만남은 우연이었지만 이들의 우정과 협력관계의 형성은 필연에 가까웠다. 왓슨과 크릭 두 사람의 성격과 학문적 배경에는 다른 점이 있었겠지만 그들의 과학적 자질에는 비슷한 점이 더 많았다.

물리학적 배경을 통해 DNA의 구조를 밝혀낸 프랜시스 크릭

왓슨과 크릭 모두 호기심 많고 영민한 어린 시절을 보냈다. 한 인터뷰에서의 회고에 따르면, 크릭은 어릴 적부터 질문이 너무 많고 모든 것을 알고 싶어했기 때문에 어린이 백과사전이라고 불렸다고 한다. 한번은 크릭이 어머니에게 걱정스레 물었다.

"어머니, 제가 어른이 됐을 때 이미 모든 것이 다 알려져버리면 어떡하죠?"

"걱정 마라. 그때에도 발견거리들은 여전히 많을 거야."

대학에서 물리학을 공부한 후 제2차 세계대전 중 영국 해군성에서 자기기뢰 연구 개발에 참여했던 크릭은 과감하게 생물학으로 전환한다. 그는 훗날 자신의 이러한 결정이 순간적인 유희에 따른 것이 아니라 진정 자신이 원하는 것이 무엇인지 깨달은 결과라고 회고했다. 그의 이러한 깨달음의 도구가 되었던 것은 그가 즐겨하던 이른바 잡담 테스트 gossip test라는 것이었다. 사람은 자신이 진실로 관심 있어 하는 대상에 관해 떠들어대게 마련이라는 단순한 진리를 원리로 하는 잡담테스트에서 크릭은 자신의 관심이 생물과 무생물의 경계에 있는 것, 생체 내 분자의 세계에 있다는 것을 깨달았다. 이에 자신의 물리학적 배경을 충분히 활용해 생명의 미스터리를 과학적으로 규명하겠다는 결의를 굳혔던 것이었다.

크릭은 1947년 31세의 늦깎이 박사과정생으로 케임브리지 대학의 스트레인지 연구실험실에서 세포질의 물리적 특성을 규명하는 연구에 관여했다. 얼마 뒤 그는 캐번디시 연구소의 퍼루츠 교수 아래로 들어가게 되었다. 여기서 그는 X선결정학으로 생체

만남 · 71

내에서 발견되는 거대 분자인 단백질의 3차원적 구조를 밝혀내는 학위논문에 전념했고, 훗날 DNA 연구에서 최고의 콤비가 될 왓슨과 만나게 되었다.

DNA 전령사의 캐번디시 연구소 안착

왓슨은 그의 나이 23세인 1951년 캐번디시 연구소에서 박사후 연구 과정을 시작하면서부터 이미 범상치 않은 인상을 안겨주었다. 이 무렵 그의 모습을 과학사학자 월터 그레이처 Walter Gratzer 는 다음과 같이 묘사하고 있다.

> 왓슨의 차림은 허술하기 짝이 없었다. 대신 대담하고 조숙하며 자부심이 강한 듯한 인상을 풍겼다. 케임브리지의 보스인 브래그경은 이 화성에서 날아온 듯한 외계인에 대해 어찌할 바를 몰라했다.
>
> 클레이턴·데니스, 《DNA 50년》

처음에는 왓슨 또한 박사후 연구 과정 과제인 바이러스결정학을 수행하려고 했다. 그러나 도저히 DNA의 유전자로서의 구조와 기능에 대한 관심을 떨쳐버릴 수 없었다. DNA에 대한 그의 확신이 어느 정도였냐면 캐번디시에서 왓슨은 자신을 가리켜 'DNA 유전자의 전령사'라고 일컬을 정도였다. 그는 인디애나 대학원 시절 지도교수이자 파지그룹의 한 사람이었던 루리아의 연구 요지는 물론 에이버리 실험의 의미도 잘 알고 있었다. 1951년 당시만 해도 유전자로서의 DNA에 대해 회의적인 시각이 과학계를 지배했던 만큼 왓슨의 이런 태도는 이례적인 것이었다.

유전자에 대한 왓슨의 관심은 어디서 유래한 것일까? 어린 시절 왓슨은 독서광이자 퀴즈 신동으로 유명했다. 그는 아버지를 따라나섰던 조류 관찰 여행과 독서를 통해 진화 사상의 핵심을 배우며 과학자의 꿈을 키워나갔다. 시카고 대학에서는 수학을 응용하여 집단유전학 분야를 개척한 슈얼 라이트^{Sewall Wright, 1889~1988} 교수의 지도 아래 생물학자로서 새 출발을 준비했다. 인디애나 대학 박사과정 때에는 당시 새로운 파지그룹의 주역이던 루리아의 첫 번째 학생이 되어 파지유전학에 대한 전문 지식을 넓혀나갔다. 루리아는 파지 바이러스가 박테리아 세포를 침범해 새로운 파지 입자로 산산조각 나는 증식 과정을 연구하고 있었다. 이때 DNA와 단백질로 구성된 파지가 박테리아로 파고들어 가는 것을 보고, 루리아는 복제를 만드는 데 필요한 명령을 전달하는 것이 DNA일 것으로 믿었다.

파지유전학에 대한 연구로 DNA 구조를 밝혀낸 제임스 왓슨

왓슨에게 DNA의 중요성에 대한 인식론적 전환의 결정적인 계기가 된 것은, 학창시절에 접한 에르빈 슈뢰딩거$^{Erwin\ Schrödinger,\ 1887~1961}$의 《생명이란 무엇인가$^{What\ Is\ Life?}$》(1944)에서 받은 지적 충격이었다. 파동역학의 건설자인 슈뢰딩거의 이 책은 제2차 세계대전 이후 젊은 과학도들에게 큰 영향을 주었다. 또한 양자역학 이론을 바탕으로 생명현상을 원자 또는 분자 수준에서 고찰하는 생리학적 분석의 가능성을 열어주었다. 이때부터 왓슨은 DNA 구조의 해독이야말로 유전자가 복제되어 세대 간에 전달되는 비밀을 밝혀낼 수 있는 열쇠라고 믿었다.

초파리를 중심으로 한 고전유전학의 경향에서 탈피해 미생물 연구에 바탕을 둔 유전학에 초점을 맞춘 왓슨은 파지의 생장에 미치는 방사선 조사^{照射}(광선이나 방사선 따위를 쬠) 효과에 대한 박사학위 논문을 완성했다. 그러나 파지의 유전자 구조를 이해하기 위해서는 박사후 연구 과정에서 파지에 대한 잇따른 실험 결과들을 좀더 폭넓게 이해하고, 파지 DNA의 화학적 구성성분에 대해서도 확실히 알 필요가 있었다. 루리아는 왓슨과 같이 재능 있는 신진 과학자는 학풍이 자유롭고 상상력이 풍부한 유럽에서 경험을 쌓는 것이 바람직하다고 생각해 그의 박사후 과정을 유럽에서 진행하도록 배려했다. 이렇게 해서 왓슨은 파지 증식은 물론 세포핵 물질의 화학적 연구를 위해 덴마크의 파지학자 헤르만 칼카르$^{Herman\ Kalckar,\ 1908~1991}$의 아래로 들어갔다. 그곳에서 그는 DNA X선결정학 연구와 접촉하면서 극적인 변화를 경험했다. X선결정학은 그 당시 생체물질의 구조를 탐구하던 과학자들이 공통적으로 의존했던 한 방법의 핵심적 키워드다. 그는 이 X선결정학이 DNA 연구의 핵심 열쇠라고 보고 그 연구의 본거지를 향해 힘찬 발걸음을 내딛었다. 마침 행운의 여신이 그에게 찾아왔다. 영국 케임브리지 대학 캐번디시 연구소의 단백질 X선결정학 연구프로그램을 추진하고 있던 맥스 퍼루츠^{Max Perutz, 1914~2002} 팀에 합류하게 된 것이다. 이제 현대 과학의 두 영웅이라 불리는 왓슨과 크릭이 만나 DNA 이중나선 구조 발견이라는 쾌거를 이룩한 캐번디시 연구소와, DNA 구조 발견에 결정적인 도구가 되었던 X선결정학에 대해 자세히 알아보자.

캐번디시 연구소와 X선결정학

영국은 일찍이 뉴턴 과학(18세기)과 다윈 진화론(19세기)이라는 근대적 세계관의 양대 산맥을 탄생시켰다. 또한 산업혁명의 진전을 통해 자본주의 체제 발전의 선두에 섰다. 영국은 20세기에 들어서서 비록 그 위상이 다소 약화되기는 했으나 여전히 현대 물리학의 패러다임을 이끌어가는 과학기술의 패자 위치에 있었다. 그리고 그 중심에 현대 물리학의 요람지인 케임브리지 대학 캐번디시 연구소가 있었다.

전자를 발견한 조지프 톰슨^{Joseph Thompson, 1856~1940}, 원자의 세계를 파헤친 핵물리학자 어니스트 러더퍼드^{Ernest Rutherford, 1871~1937}, 양자역학의 태동에 기여한 거봉^{巨峰} 닐스 보어의 자취가 남아 있

X선 결정학

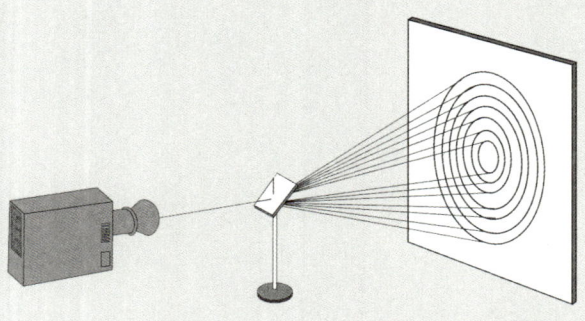

X선결정학의 분석과 해석은 매우 어려운 기술을 요구한다. 그 절차를 살펴보면 대략 다음과 같다.

먼저 연구 대상이 될 시료를 순수분리하고 이것으로 결정을 얻어 여기에 X선 빔을 쏜다. 이 X선 빔은 시료의 결정을 지나 촬영 필름을 감광시킴으로써 수많은 회절 흔적을 만든다. X선 회절상이란 X선이 분자의 결정 속 원자에 부딪혀서 생긴 일종의 파도 사진과 같은 것이다. 마치 연못의 수면 아래에 있어 보이지 않는 말뚝의 위치를 수면 위의 파문에서부터 추정해 알아맞히는 것과 비슷하다. 회절 무늬 사진의 특징에서 유도해내야 하는 것은 구성원자들의 공간적 규칙성에 따른 결정의 대칭현상이었다. 나아가 2차원의 회절 양상을 조사하면 결정의 내부에서 몇 개의 구성단위인 원자(또는 분자)가 일정한 규칙에 따라 공간 안에 반복적으로 배열되는 공간 격자의 특성을 알 수 있게 된다.

2차원의 회절상을 바탕으로 3차원의 분자 구조를 추측하는 것이기에 X선 회절상을 통한 DNA 구조의 규명은 과학적 기술과 지식 이외에도 상상력까지 필요로 하는 것이었다. 따라서 DNA의 경우 나선형 구조의 과학적 상상력이 요구되는 논란의 장이 되었다.

는 이곳은 전세계 최고 과학두뇌들의 메이저리그였다. 그러나 전쟁의 파고와 거대 과학의 등장 속에서 캐번디시 연구소의 주요 치적이었던 원자물리학은 점차 시대 변화에 적응하지 못하는 양상을 보여주었다. 광학물리학 전문가인 윌리엄 브래그^{William Bragg, 1890~1971}가 제5대 소장으로 부임할 무렵인 1937년경에는 이미 세계 최고의 핵물리학 연구센터라는 캐번디시의 위상은 흔들리고 있었다.

이러한 상황을 타개하고자 브래그는 새로운 물리학 응용 연구 프로그램으로 다시 한 번 캐번디시의 영광을 되찾겠다는 야심찬 계획을 세웠다. 브래그의 전략은 캐번디시를 생물리학 거점센터로 발전시키는 것이었다. 그 가운데 하나가 생물학적으로 중요한 고분자의 구조를 X선으로 해석하려는 움직임이었다. 캐번디시는 단백질 X선 결정 연구에서는 중심에 서 있었지만 DNA의 X선 결정 연구는 엄연히 이와는 다른 새로운 도전이었다. 유전물질이 DNA라면 DNA 분자 구조의 의미에 대한 해답이 제시되어야 했다. DNA는 당과 인산, 염기로 구성된 뉴클레오티드가 길게 연결되어 있는 것이라고 밝혀졌지만, 유전법칙을 설명하기 위한 조건을 충족시킬 수 있는 DNA 분자 구조는 해결해야 할 과제였다. 이러한 수수께끼를 푸는 하나의 방법으로 X선결정학이 부상하기 시작했다.

X선결정학은 물리학과 화학을 도구 삼아 생체 거대분자의 세계를 이해하는 새롭고 매우 독특한 방법이었다. 캐번디시가 X선결정학에 주목한 것은 브래그 자신이 X선결정학의 창시자 중 한

사람이었기 때문에 가능한 전략이었다. 그는 이미 1912년경 염화나트륨$^{\text{sodium chloride}}$을 비롯한 화합물 결정의 3차원 구조를 규명하기 위해 X선 회절법칙을 얻어냄으로써 X선결정학이라는 새로운 분야의 성립에 기여했고, 그 공로로 아버지 헨리 브래그$^{\text{Henry Bragg, 1862~1942}}$와 함께 1915년 노벨 물리학상을 공동수상했었다. 당시 역대 최연소였다.

브래그의 캐번디시 연구소에 동참한 첫 번째 인물은 오스트리아 태생의 생화학자 맥스 퍼루츠였다. 퍼루츠는 적혈구를 통해 폐에서 조직으로 산소를 운반하는 단백질인 헤모글로빈의 연구에 몰두했다. 브래그의 후원을 받은 퍼루츠는 생체물질인 단백질의 구조를 둘러싼 물리화학적 분석을 시도하는 X선결정학 연구프로그램을 주도했다. 여기에 제2차 세계대전 당시 물리학의 의학적 응용에 관여했던 영국 정부 산하 의학연구위원회$^{\text{Medical Research Council, MRC}}$의 후원까지 유치해 생물리학 연구의 메카로서 캐번디시의 발전을 꾀했다. 당시 연구에 함께 참여했던 영국 생화학자 버넌 잉그럼$^{\text{Vernon Ingram, 1924~ 2006}}$의 말을 들어보자.

> 퍼루츠는 탁월한 젊은 과학자들을 끌어들였다. 우리의 연구에 대한 열정과 흥분은 강렬했다. 우리는 시공을 넘나드는 주제를 연구했고, 여가시간에도 지칠 줄 모르고 X선결정학에 관해 줄기차게 논의했다. 우리는 생명의 분자인 단백질과 핵산을 이해하고자 하는 열망으로 똘똘 뭉쳤던 것이다.

퍼루츠 팀의 역동적인 분위기는 뭔가 해낼 수 있다는 자신감과 활력으로 넘쳤다. 퍼루츠는 자신의 팀원에게 높은 과학적 수준을 요구하는 한편, 자신이 지닌 지식과 경험을 토대로 후학들에게 조언을 아끼지 않는 온화한 스타일의 인물이었다. 바로 이 퍼루츠가 캐번디시에서 왓슨과 크릭을 만나게 하는 매개가 되었으며, 그들에게 연구의 자유를 부여한 DNA 발견의 숨은 인물이었다. 크릭과 퍼루츠, 단백질의 3차원적 구조 규명에 초점을 맞췄던 존 켄드루$^{John\ Kendrew,\ 1917\sim1997}$에게서 전수된 결정학 지식을 통해 왓슨은 DNA 구조를 해명하기 위한 점진적인 단계로 나아갈 수 있었다.

왓슨과 크릭, 두 잠룡의 조우

흔히 크릭과 왓슨의 만남은 위대한 공동연구의 대표적 사례로 평가된다. 이는 이들의 만남이 단순히 개인의 만남이 아니라 두 커다란 연구 조류의 결합을 이룩해냈기 때문이다. 즉, 생체물질의 구조에만 집착하던 영국의 연구학파와 생체분자의 추상적인 기능 연구에만 철저했던 미국의 연구학파가 물리학·화학·유전학의 경계 영역에서 만나게 된 것이다.

왓슨의 경우 그가 속했던 파지그룹이 DNA의 중요성을 조명하는 데 선구적이었으나 정작 그 분자 구조를 밝히는 데는 생각이 미치지 못하고 있었다. 반면 크릭은 물질의 외적인 구조와 형태를 탐사하는 결정학 연구 부류에 속해 있던 나머지, 생명의 본질이라고 하는 좀더 근원적인 문제에 대해 심도 있게 사색하지는 못했다. 왓슨과 크릭의 이러한 학문적인 배경 차이는 서로 충돌과 반목을 불러일으키기는커녕 DNA 구조 발견 과정에서 상호보완적인 역할까지 하게 되었다.

우선 왓슨의 처지에서는 캐번디시에서 먼저 자리잡고 있던 크릭의 관심사가 유전자의 구조와 기능에 있다는 것이 행운이었다. 크릭 역시 슈뢰딩거의 《생명이란 무엇인가》라는 책의 주장에 빠져 있었다. 세포의 유전자는 대부분 염색체상에 있으며 염색체들은 핵산과 단백질로 이루어져 있다는 것은 알고 있었지만, 크릭은 DNA의 정확한 의미에 대해 무시로 일관하는 동료 과학자들의 태도에는 찬성하지 않았다. 이런 그에게 왓슨은 한마디로 말이 통하는 상대였다.

DNA 유전자에 대한 공동연구의 전개 과정에서도 그들 각자가 지닌 성격과 기질상의 유사성이 상당히 돋보였다. 두 사람은 공통적으로 '일종의 오만함과 무모함, 그리고 지저분한 생각을 참지 못하는 날카로운 면'이 있었다. 크릭은 왓슨에 대해 지나치게 영리해서 정상이 아닌 것처럼 보인다고 말했고, 왓슨은 크릭에게서 겸손한 태도를 찾아보기 힘들다고 평가했다.

그러나 동시에 둘 다 친화력이 뛰어났던 것은 물론이고 말릴 수 없는 재담가였기에 서로 충돌을 일으키는 일은 없었다. 크릭이 큰 소리로 껄껄 웃는 스타일이었다면 왓슨은 콧소리를 섞어 잇몸을 드러내고 씨근거리며 웃는 스타일이었다. 크릭의 눈은 항상 즐거움을 드러내면서 모든 것을 아는 듯한 총명함 또한 담고 있었다. 나이가 많은 크릭은 항상 왓슨의 형처럼 굴었다. 자신의 젊은 동료인 왓슨을 격려하고 그의 생각에 대해 비평하면서 새롭게 해석을 내려주기도 했다. 두 사람은 그들의 작은 연구실에서 끝없이 대화를 나누면서 과학 연구의 공동전선에 뛰어들었다. 만난 지 얼마 되지 않았지만 두 사람은 완벽하게 준비된 짝이었다. 아직 때를 만나지 못했지만 장차 세계를 뒤흔들 두 마리의 잠룡潛龍이었다.

X선결정학의 또 다른 축, 킹스 칼리지

캐번디시가 X선결정학에 눈길을 돌려 DNA 연구에 박차를 가하려고 했지만 그 당시 실질적으로 DNA X선결정학 연구의 거점은 캐번디시가 아닌 킹스 칼리지였다. 그리고 그 중심에는 훗날 왓슨, 크릭과 더불어 노벨상을 공동수상한 제3의 인물, 모리스 윌킨스가 있었다. 뉴질랜드 출신인 윌킨스는 영국 버밍엄 대학에서 존 랜들John Randall, 1905~1984의 지도 아래 물리학 박사학위를 받고, 제2차 세계대전 중에는 버클리 캘리포니아 대학에서 원자폭탄에 사용되는 방사성동위원소를 질량분광기를 통해 분리하는 작업에 종사하며 맨해튼 프로젝트에 2년 동안 참여했다.

제2차 세계대전이 끝나면서 스승 랜들이 킹스 칼리지에서 새롭게 떠오르던 분야인 생물리학과의 교수가 되자 윌킨스도 그의 뒤를 따라 킹스 칼리지로 자리를 옮겼다. 처음에 그는 초음파 진동을 이용해 초파리 돌연변이의 원인을 찾는 시도를 했지만 별다른 성과를 내지 못했고, 이후 세포 내 DNA 함량과 분포 상태에 관한 연구에 착수했다. DNA 구조 연구를 시작한 윌킨스가 그 방법으로 택한 것이 DNA의 X선 회절 패턴을 얻는 것이었다.

그 뒤 1950년, 윌킨스는 자신의 박사학위 과정생인 레이먼드 고슬링^{Raymond Gosling, 1926~}과 함께 향상된 이미지의 DNA 사진을 얻었고, 이로부터 DNA의 나선세계를 예측했다. 그러나 윌킨스의 X선 회절 연구가 더디게 진전되자 그의 상관인 랜들 교수는 X선결정학에 조예가 깊은 로절린드 프랭클린을 초빙했다.

1951년 1월 윌킨스는 자신의 연구팀에 합류한 프랭클린에 대한 기대를 감추지 않았다. 이미 프랭클린은 물리화학 지식을 배경으로 X선 회절 연구에서 몇 년 동안 탁월한 경험을 쌓은 여성 과학자라는 명성을 얻고 있었던 터라 윌킨스는 프랭클린의 합류가 DNA 분자 연구의 촉발제가 되리라고 예상했다. 그러나 이러한 기대는 물거품으로 변했다. 처음부터 윌킨스와 프랭클린의 관계가 '예사롭지 않게' 전개되었던 것이다. 이에 대한 근본적인 원인은 아마도 그들의 상관인 랜들의 미숙한 관리 능력에 있었다 할 것이다.

'서커스'라고 불린 랜들의 실험실에서 랜들은 새로운 생물리학 분야를 개척한다는 자부심과 열정에 심취해 실험 성과만을 중시한 채, 그에 걸맞은 관리와 운영에는 체계적이지 못한 모습을 보여주었다. 예를 들어, 랜들은 X선 실험에 관한 한 프랭클린과 고슬링만이 관여한다는 원칙을 담은 편지를 프랭클린에게 쓴 적이 있는데, 정작 이것을 윌킨스에게는 보여준 적이 없었다. 상급자로부터 연구와 관련한 명확한 영역 분담에 대해 듣지 못했던 상황에서 연구 당사자들 사이의 대립이 날카롭게 일었다.

프랭클린은 킹스 칼리지로 초빙되면서 DNA의 X선 회절에 대한 연구를 총괄할 것으로 생각했지만, 정작 그녀를 기다리고 있던 윌킨스는 프랭클린이 자신의 연구 보조 역할을 수행할 것으로 기대했던 것이다. 윌킨스와 프랭클린은 각자 자기를 중심으로 DNA 연구를 진행하고 싶어했다.

영역 분쟁은 실험실에서 두 사람의 공감대를 없애버렸다. 특히 프랭클린은 사회적·인간적으로 적응하느라 어려움을 겪었다. 프랭클린은 과학자로서의 자율성과 주관이 매우 뚜렷한 여성이었다. 그런데 윌킨스는 실험실에서 여성 과학자에 대한 태도와 방법에 대해 무지했다. 두 사람의 불편한 관계는 성격 차이는 물론 당대의 사회적 분위기와도 무관하지 않았다. 사회와 마찬가지로 가부장적 이데올로기가 만연했던 과학계의 남성 주도적 분위기는 적어도 여성 과학자의 관점에서는 봉건시대와 다름없었다. 프랭클린은 모든 일에서 이러한 장벽에 부딪혀야 했다. 윌킨스는 윌킨스 나름대로 DNA 연구의 활력을 찾지 못했다. 예를 들어 윌킨스의 DNA 나선형 구조 연구와 관련해 프랭클린은 기회가 있을 때마다 단호하고 의도적인 말투로 그에게 X선 작업을 포기하라고 주문했다.

윌킨스와 프랭클린의 암묵적인 대립이 지속되자, 공동연구도 거의 불가능해지면서 DNA 구조 발견을 위한 장기 여정에 부정적으로 작용했다. 왓슨·크릭과는 대조적으로 윌킨스와 프랭클린 짝은 결합에 의한 시너지를 발휘하기는커녕 상호견제와 불신으로 일관했던 것이다. 그러나 한 가지 분명한 것은, 프랭클린이야말로 당대의 X선결정학자들 중 최고였으며 DNA 이중나선 구조의 발견에 가장 근접했던 인물이라는 점이다.

왓슨과 크릭 외에 DNA 이중나선 구조 발견에서 빠뜨릴 수 없는 두 인물, 프랭클린과 폴링을 만나보자.

최고의 X선결정학자 프랭클린

부유한 유대인 은행가의 딸로 태어난 프랭클린은 대학에서 화학을 전공하고 케임브리지 대학에서 물리화학으로 박사학위를 받은 수재였다. 과학자로서 프랭클린의 주된 관심은 석탄이나 목탄 등의 부정형 물질처럼 다루기 까다로운 물질의 구조를 이해하는 것이었고, 이를 위해 X선결정학 방법을 적용하려 했다. 프랑스 파리의 국립연구소에서 이미 X선결정학에 대해 여러 편의 논문을 발표했던 프랭클린은 앞날이 밝은 과학자로서 입지를 굳혔다. 킹스 칼리지로 초빙된 그녀에게는 생체물질인 DNA 분자 구조 분석을 위해 X선결정학을 적용하는 연구가 주어졌다.

성실하고 꼼꼼했던 프랭클린은 매우 엄격하고 높은 수준을 요구했던 뛰어난 실험과학자였다. 그녀는 지적인 자부심이 매우 높았으며 최고의 과학자가 되고자 하는 욕망 역시 강했다. 프랭클린의 파리 친구인 루차티 Vittorio Luzzati에 따르면 그녀는 매우 훌륭한 X선관 실험장치는 물론 좋은 DNA 시료를 보유하고 있었다. 게다가 가히 황금의 손이라 불릴 만한 그녀만의 기술도 가지고 있었다. 이런 프랭클린을 초빙하기 위해 킹스 칼리지의 랜들은 책임급 과학자로서 예우를 보장했지만, 프랭클린은 윌킨스와 갈등하게 되면서 공동연구의 진가를 보여주지 못했고 홀로 고립된 채 연구를 진행했다.

그렇지만 프랭클린의 DNA 연구 성과는 매우 중요한 것이었다. 그녀만의 실험 노하우로 DNA 생체물질을 자유자재로 다루면서 질적인 면에서 이전에 본 적이 없는 매우 우수한 회절 사진을, 그것도 신속하게 얻어낼 수 있었던 것이다. 그녀는 DNA에는 두 개의 형태가 존재함을 파악했다. DNA는 수분 흡수 정도에 따라 섬유가 길고 가느다란 젖은 B형과 짧고 건조한 A형으로 나뉘며, 실험자는 수분 양을 조절해 DNA의 형을 마음대로 조정할 수 있다는 것이었다.

또한 프랭클린은 잘 정제된 DNA 시료의 샘플이 좀더 습해지면 쉽게 가늘어지면서 더 선명한 데이터를 얻을 수 있다는 것을 알고 있었으며, 이 원리를 응용해 수소가 채워진 카메라 내부의 습기를 염용액을 가지

X선 결정학의 권위자였던 로절린드 프랭클린

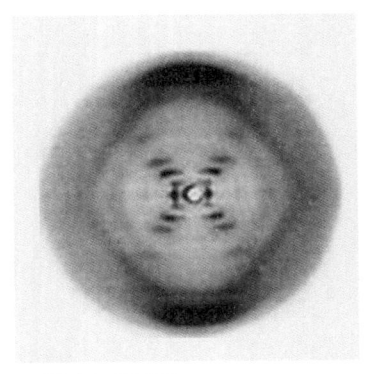
프랭클린의 51번 사진

고 조절하는 데 성공했다. 바로 이 기술에 따라 탄생한 X선 사진은 B형 DNA의 나선형 구조를 확연히 보여주는 것으로, 훗날 동료 연구자로부터 "이 세상 모든 물질에 대한 X선 사진 가운데 가장 아름답다"고 극찬을 받았으며 빌헬름 뢴트겐 Wilhelm Röntgen, 1845~1923 이래 가장 유명한 X선 사진으로 평가받고 있다.

프랭클린이 계속 연구를 하며 내놓은 B형 DNA 사진필름 중에서도 가장 선명한 이것은 호랑이 줄무늬 같은 까만 점이 사방으로 퍼져 나가는 강렬한 X자를 보여준다. 프랭클린은 이 사진에 '51번'이라는 이름을 붙였고, 바로 이 51번 사진 때문에 학자들은 프랭클린이 DNA 구조 문제를 거의 해결할 수 있는 단계에 이르렀다고 평가하기도 한다. 단지 오늘이냐 내일이냐 하는 시간 문제였을 뿐이라는 것이다. 그러나 바로 이 51번 사진이 비공식적인 통로(고슬링→윌킨스)를 통해 왓슨과 크릭의 손 안으로 들어갔고, 이 명백한 실험 증거에 그들의 과학적 상상력과 통찰력이 더해져 대발견을 낳은 것이다.

이러한 상황이었기에 '왓슨과 크릭이 그 사진을 보지 못했더라면……'이라는 역사적 가정이 제기되는 것이다. 학자들은 아직까지 프랭클린의 잃어버린 '과학 발견 우선권'에 대한 논쟁을 계속한다. 끝이 없는 토론이겠지만, 한 가지 분명한 것은 프랭클린이 DNA 구조의 진실을 밝히는 데 결정적인 역할을 한 탁월한 과학자였다는 사실이다.

단백질 알파나선 구조와 폴링

DNA 이중나선 구조 발견에서 또 하나 빼놓을 수 없는 인물은 미국 패서디나에 있는 캘텍의 물리화학자 라이너스 폴링이다. 그러나 그의 실험은 대발견의 과정에서 자신의 실수를 통해 다른 경쟁자들의 시행착오를 줄여준 일종의 반면교사 역할을 수행하는 것에 그치고 말았다. DNA 삼중나선^{triplex} 구조라는 틀린 모델을 제시함으로써 폴링은 DNA 연구자들에게 새로운 경종을 울려준 것이다. 어떻게 그런 일이 일어난 것일까?

폴링은 1925년경부터 캘텍 대학원에서 X선결정학과 화학을 공부하고 유럽에서 박사후 연구생으로서 양자역학 등의 분야를 섭렵한 뒤, 간단한 분자로부터 단백질에 이르기까지 분자 구조의 여러 양상을 다루는 화학 연구에 집중했다. 《화학결합의 본질 The Nature of the Chemical Bond》(1939)의 저자로 세계적 명성을 얻었던 폴링은 화학이 생물학적 문제를 설명할 수 있다고 확신했다.

이러한 믿음의 연장선상에서 그는 1930년대 중반부터 단백질 헤모글로빈 분자의 구조와 기능에 관한 연구를 벌였다. 그리고 생체화합물인 단백질 입체 구조의 안정성은 수많은 아미노산들이 펩티드 결합*이라고 하는 화학결합으로 서로 연결되어 길게 늘어진 폴리펩티드 구조에 기인한다는 주장을 폈다. 특히 화학결합에 대한 자신의 이론과 직관을 바탕으로, 복잡한 단백질 분자에서 수소결합에 의해 아미노산이 나선형 구조를 이루며 연결되어 있는, 이른바 알파나선 구조를 발견했다. 단백질 X선 회절 사진을 통해 확인하고 간단한 분자모형을 이용함으로써 폴링은 단백질의 나선 구조를 확인할 수 있었다.

그러나 폴링이 제시한 단백질의 알파나선형 모델에 탐탁지 않은 반응을 보인 인물이 있었으니, 바로 대서양 건너 영국에서 단백질 X선결정학 연구프로그램을 추진 중이던 캐번디시 연구소의 브래그였다. 폴링과 20년 이상에 걸쳐 라이벌 관계를 유지해 온 브래그는 화학결합, 그리고 양자역학의 화학적 응용에 관한 자신의 아이디어를 폴링이 몰래 가져가 사용했다고 의심했다. 그리하여 브래그는 폴링에 대한 발견의 우선권 분쟁과 과학 전문성 윤리를 제기해온 터였다. 그런 브래그의 비판도 폴링의 알파나선형 구조 발견 앞에서는 근거를 잃고 말았다.

폴링이 발견한 단백질의 기본 구조는 결정학자들과 고분자 구조 전문가들의 인정을 받게 되었다. 이 작업은 캐번디시 연구소도 연구 대상으로 생각한 것이었기에 브래그는 폴링에 대한 자신의 패배를 인정

○ **펩티드 결합**
아미노산은 모든 생명현상을 관장하고 있는 단백질의 기본 구성단위로 대개 α-아미노산을 말한다. 단백질 속의 두 개의 α-아미노산이 결합한 결과 형성된 것을 '펩티드'라 하고 이 결합을 '펩티드 결합'이라 한다. 구성 아미노산의 수가 여러 개인 경우 '폴리펩티드'라 한다.

하지 않을 수 없었다. 1954년 폴링은 단백질 분자 구조에 대한 그의 공적으로 노벨상을 수상했다.

폴링이 DNA 분자에 관심을 쏟기 시작한 것은 1946년경이었다. 그는 외부에서부터 침입한 물질인 항원^{antigen}과 그에 저항하기 위해 생겨난 물질인 항체^{antibody}의 상관관계에 대해 연구하면서 '아마도 유전자란 상보적 두 가닥으로 이루어져 있을 것'이라는 가설을 가지고 DNA에의 관심을 표했다. 2년 후인 1948년 폴링은 겸상적혈구성 빈혈^{sickle cell anemia}이 적혈구 중 산소 운반을 담당하는 단백질인 헤모글로빈의 이상으로 생기는 유전적 현상임을 밝혀내기도 했다.

그러나 단백질과는 달리 DNA에 대한 폴링의 연구는 철저하지 못했다. 그는 윌킨스와 프랭클린이 업데이트한 DNA 회절 사진을 보지 못한 상태에서 이미 유럽의 과학문헌에 널리 알려진 애스트베리의 DNA 회절 사진만을 분석했을 뿐이었다. 그 결과 이른바 삼중나선형 모델이라는 기이한 구조를 내놓고 말았다.

폴링이 이러한 어이없는 실수를 저지르게 된 연유에는 그를 둘러싼 외적인 압력이 작용한 면도 없지 않다. 그는 과학자의 사회적 책임론을 주장하며, 제2차 세계대전 중 거국적이었던 맨해튼 프로젝트에도 참여하지 않았을 뿐 아니라 대담하게도 자본주의대국 미국에서 아내의 사회주의 운동을 지지했던 급진적인 과학자였다. 무엇보다도 폴링은 원자탄과 방사능 위협에 대한 경각심에서 출발해 원자력의 안전한 통제 운동에 앞장선 인물이었다.

이 같은 급진적 정치 성향 때문에 그는 1952년 영국에서 열린 단백질학회 참석을 앞두고 공산주의자라는 오해로 인해 여권이 취소당하는 일도 겪었다. 당시 미국은 자국 내 공산주의의 팽창을 견제하기 위한 매카시즘의 광풍이 각계를 휩쓸던 시기로, 평화주의자였던 폴링 역시 덩달아 요주의 인물로 낙인찍히고 말았다. 미국 정부는 그가 유럽 학회에 참석하는 것을 막기 위해 여권을 계속 취소시켰다. 그가 세계 단백질 구조 결정학자들의 모임에 참가할 수 있었더라면 아마도 윌킨스와 프랭클린의 DNA 연구 결과뿐 아니라 DNA 사진에 대한 접근 역시 가능했을 것이며, 당연히 삼중나선형 모델이라는 기괴한 주장을 내놓는 해프닝은 피할 수 있었을 것이다. 그러나 그의 반핵 소신은 DNA 이중나선 구조 발견 이후 세계적 핵실험 금지 운동으로 이어져, 1962년 그에게 두 번째 노벨상인 노벨 평화상을 안겨주었다.

만남 5

격변의 3년,
DNA이중나선 구조를 발견하다

3년, 대발견의 기간

"승자 독식(The Winner Takes It All)!"

　DNA 이중나선 구조를 발견하기까지의 과정에는 과학자들 사이의 대립과 경쟁이 생생하게 배어 있다. 이 대발견은 조연은 잊혀지고 주연만이 역사에 그 이름을 남기는 일종의 드라마였다. 주인공 왓슨과 크릭의 영광 위로 1958년 37세의 나이에 난소암으로 유명을 달리한 프랭클린의 비극적인 죽음은 더욱 극적인 요소를 더해준다. 그렇다면 과연 왓슨과 크릭이 최종 승리자가 될 수 있었던 요인은 무엇이었을까?

　사실 왓슨과 크릭이 DNA 이중나선 구조를 발견하기에 유리한 위치에서 출발했다고는 볼 수 없다. DNA 결정학 연구 자체가 캐번디시 연구소의 공식적인 연구 과제가 아니었기 때문에, 왓슨과 크릭은 일부 기간을 제외하고는 이 연구에 대한 상부의 지원을 받지도 못했기 때문이다. 다만 킹스 칼리지에서의 DNA 연구가 최고조에 달한 바로 그 시기에 왓슨과 크릭의 만남이 이루어지면서 여러 가지 행운을 동반하게 된 것이다. 이러한 행운은 단순히 타이밍의 덕이라기보다는 왓슨과 크릭의 개인적인 특질에 기인하는 바가 컸다. 그들은 끝없는 토론을 도구 삼아 각자의 전문지식을 공유했으며, 동료 과학자들의 연구물에 대한 정보를 신속하게 수용하여 분석하는 데 뛰어난 기질을 발휘했다. DNA 구조 발견 과정에서 이러한 그들의 장점이 유감없이 발휘되었다.

폴링의 삼중나선 구조 모델의 대실수는 역으로 그들에게 DNA 이중나선 구조에 대한 확신감을 실어주었다. 이러한 확신을 구체화하는 데 크릭의 인맥 또한 한몫했다. 심지어 킹스 칼리지에서의 윌킨스와 프랭클린의 갈등 역시 멀리 캐번디시에 있는 크릭과 왓슨에게 중요한 기회를 제공했다. 윌킨스는 지인이었던 크릭에게 DNA 연구를 둘러싼 프랭클린과의 갈등에 대해서는 물론 연구의 진척 상황도 이따금씩 알려주었다. 훗날 1953년 프랭클린이 버크벡^{Birkbeck} 대학으로 이직을 결정하자, 윌킨스의 DNA 연구는 본격화되었다. 그리고 프랭클린이 킹스 칼리지에서 수행한 DNA X선 사진을 고슬링을 통해 입수하게 된 윌킨스는 그것을 왓슨과 크릭에게 보여주었다. 이 사진에서 그들은 이중나선 구조의 핵심을 관통하는 실마리를 발견했다. 크릭은 윌킨스를 통해 이른바 프랭클린의 보물인 51번 B형 DNA 사진을 손에 넣을 수 있었던 것이다. 그녀의 X선 회절 사진은 DNA의 나선형 구조를 결정적으로 보여주는 실험 증거였으며, 크릭은 이를 통해 DNA 분자의 형태와 대칭성을 이해했다.

이밖에도 캐번디시 연구소의 상관 퍼루츠에게서 받아 본 한편의 보고서에는 프랭클린의 B형 DNA에 관한 실험노트가 명확하게 정리되어 있었다. 주변의 지인들에게 입수한 귀중한 자료 덕에 왓슨과 크릭은 DNA 구조상 염기 위치의 수수께끼를 한 번에 풀 수 있었다. 즉, 인산이 분자 바깥에 존재하는 반면 염기는 분자 안쪽에 있음을 확신하게 된 것이다. 왓슨과 크릭은 주변의 과학자들에게서 얻은 증거와 자료에 대해 끊임없이 논의하면서 과학적 상상력을 발휘해 DNA 분자모형 제작을 수없이 시도했다. 마침내 1953년, 이중나선 구조의 DNA가 세상에 선을 보이게 되었다. 유레카! 도대체 왓슨과 크릭의 만남에서부터 대발견에 이르기까지 3년 동안 무슨 일이 일어난 것일까?

1951년, 이제는 나선형 구조다

킹스 칼리지에서 DNA 분자 구조에 대한 연구가 착수되기 직전까지만 해도 DNA 연구의 역사는 매우 짧았다. 제2차 세계대전 전 영국의 존 버널 John D. Bernal, 1901~1971 과 애스트베리는 생체 내 물질의 구조를 이해하고자 X선결정학이라는 새로운 분야의 연구를 시도했다. 아일랜드 출신의 버널은 결정학 분야의 학위를 취득한 뒤 1937년부터 버크벡 대학 물리학 교수로 재직했다. 그는 복잡한 생물물질의 결정학 연구에 주력함으로써 생명의 화학적 기원을 밝히려는 원대한 목표를 가지고 있었다.

버널과 비슷한 교육과 훈련을 받은 결정학자 애스트베리는 리즈 대학의 생물리학 교수로 재직했다. 생물학적 거대 분자의 X선 결정학의 아버지로 알려진 애스트베리는 오늘날 우리에게 잘 알려진 분자생물학 분야의 정의를 수립하는 데 기여한 인물이기도 하다. 이미 단백질 결정의 회절 패턴을 분석해 그것들을 알파와 베타 구조의 두 그룹으로 분류하는 성과를 거둔 적이 있는 애스트베리는 DNA에서 추출한 섬유의 X선 사진을 최초로 촬영하는 데 성공했다. 그리고 그는 이러한 회절 패턴으로부터 DNA 구조를 유추해 모델을 만들었다. 금속판과 막대를 이용해 만든 조립 모형을 통해 그는 DNA의 구성성분인 염기·당·인산이 서로 어떻게 연결되어 있는지 그 배열을 이끌어내고 싶어했다. 그리하여 마침내 1938년, 애스트베리는 《네이처》에 DNA 섬유의 X선 분석 결과를 발표하면서 DNA가 나선 구조로 이루어져 있다고 주장했다. 또한 염기는 동전처럼 하나씩 차곡차곡 쌓여 있고 이들 염기 사이에는 3.4옹스트롬^{angstrom} 간격으로 공간이 존재하고 있으며, 27옹스트롬마다 구조가 되풀이되고 있다고 설명했다.

1940년대 킹스 칼리지는 당시 여전히 불모지였던 DNA 연구 분야에 야심차게 뛰어들었다. 제2차 세계대전 중에 공동자전관*을 발명하여 일약 유명해진 물리학자 랜들의 공

○ **공동자전관**
저주파 전자기파의 빔을 만들어 원거리에 있는 물체를 감지하는 장치를 말한다.

로로 정부의 지원을 받아 설립된 생물리학과가 이러한 도전의 최전선에 서게 되었다. 랜들은 물리학의 기술을 생물학 분야, 구체적으로 고분자에 적용해 이른바 생물리학의 선봉에 서고자 했다. 이러한 랜들의 후원 아래 윌킨스는 DNA 연구를 순조롭게 진행할 수 있었다.

윌킨스는 프랭클린이 합류하기 전에 이미 X선결정법의 사용에 능숙한 박사과정생 고슬링의 도움으로 DNA의 X선 이미지를 만들어내고 있었다. 그들의 방법은 DNA가 녹아 있는 겔 형태에서 섬유다발을 뽑아내는 것이었다. 이것은 마치 한 뭉치의 털실에서 뽑아낸 기다란 실과 같았다. 여기서 한 가닥의 섬유를 뽑아 카메라 앞에 놓고 X선 빔을 조정해 섬유를 통과하게 하면 필름에 많은 점이 생겨나고 이를 해석해 섬유 내에서 반복되는 단위의 원자 위치를 알아내는 것이다. 그들은 앞서 애스트베리의 경우보다 양질의 X선 이미지를 얻기 위해 많은 노력을 했으며, 그 결과 DNA가 나선 구조임을 제안할 수 있었다.

당연히 윌킨스는 이 발견을 학회를 통해 세상에 알리고 싶어 했다. 1951년 나폴리 학회와 캐번디시 연구소가 주최한 세미나에서 그는 화면상에 DNA의 X선 회절 사진을 띄워 청중에게 보여주었다. 그는 생명체의 물질이 나타내는 결정 형태로부터 그 분자의 정렬 상태를 추론해낼 수 있으므로, 유전자 역시 결정 형태를 관찰한다면 그 구조를 알 수 있게 된다고 말했다. 물론 윌킨스가 DNA 복제 메커니즘에 대한 상상력까지 있던 것은 아니었으나, 당시 나폴리 학회에 참석했던 왓슨에게는 유전자가 결정화 구조를 가질 수 있다는 사실만으로도 충격이자 새로운 영감이었다. 당시 학회에서 받은 충격적인 영감에 대해 그는 나중에 이렇게 기술했다.

> 윌킨스의 강연을 듣기 이전까지만 해도 나는 유전자라는 것이 터무니없이 불규칙적인 물질은 아닌가 하고 상상했었다. 그러나 강연 이후로, 유전자는 결정화될 수 있고 따라서 규칙적인 구조를 가지고 있으므로 직접적인 방법으로 이 구조를 해결할 수 있을 것이라 생각하게 되었다.
>
> 제임스 왓슨 저, 군터 슈텐트 편저, 《이중나선 (The Double Helix)》(1980)

결국 왓슨은 X선결정학의 연구가 DNA 구조 해결의 열쇠를 가지고 있다고 판단했다. 이제 여기저기서 DNA의 구조가 나선형일 것이라는 추측이 흘러나오고 있었다. 예를 들어 킹스 칼리지에서는 1951년 중반 노르웨이 출신인 스벤 푸르베르그[Sven Furberg, 1920~1983]의 박사학위 논문이 널리 회자되었다. 거기에서 제안한 DNA 모델 역시 나선 형태였다. 그뿐 아니라 많은 과학자들이 나선이야말로 생물학적 고분자의 자연스러운 구조체계일 수 있다는 의견을 내놓기도 했다.

이 무렵 캐번디시 연구소의 박사과정생으로 퍼루츠의 단백질 결정학 연구팀의 일원이던 크릭 역시 나선형 구조를 추종하는 부류에 합류하게 되었다. 이른바 폴링의 단백질 알파나선 구조가 아미노산 사슬을 돌아가게 하는 구조로서 단백질에서 발견되

색색의 플라스틱 공과 철사를 이용하여 알파나선 구조를 선보이는 폴링

는 가장 중요한 구조라는 소식을 접한 것이다. 무엇보다도 크릭은 폴링이 보여준 과학 연구의 방법에 강한 인상을 받았다. 단백질의 폴리펩티드 사슬 구조를 시연하면서 폴링은 색색의 플라스틱 공과 철사로 만든 나선형 코일 모형을 선보였다. 크릭은 바로 이러한 실용적 모형제작을 DNA 유전자 구조에도 적용할 수 있을 것으로 보았다.

폴링의 알파나선 구조 발견은 캐번디시 연구소에는 패배를 가져다준 유감스런 사건이었지만 크릭으로서는 '이제는 나선형이다'라는 확신을 갖게 한 중요한 계기가 되었다. 또한 어디까지나 캐번디시의 연구원이었던 그는 말하자면 패자 그룹의 일원으로서, 과학이 경쟁에 따라 승자와 패자를 양산할 수밖에 없는 생존투쟁의 법칙 위에 선 게임이라는 것도 새삼스럽게 실감하게 되었다.

황금의 손, 프랭클린의 DNA 결정

1951년 킹스 칼리지로 초빙된 이래 프랭클린이 거둔 성과는 탁월했다. 그 비결은 그녀가 지닌 탁월한 실험 감각과 기술적 숙련도였다. DNA 연구에 착수한 프랭클린의 첫 번째 관심은 X선 회절 사진의 질을 향상시키는 것이었다. 이를 위해 그녀는 좀더 고성능의 카메라를 조립하는 한편 더욱 상세한 이미지를 얻기 위해 X선 빔의 강도를 증가시켰다. 아울러 DNA 섬유가 가늘고 길수록 더 선명한 데이터를 얻을 수 있음을 발견한 그녀는 다음과 같은 세밀하고 정제된 실험 조건을 구비했다.

먼저 DNA 시료의 습도를 유지하는 것이 매우 중요했다. 수분양을 조절하면 DNA의 형을 마음대로 조정할 수 있다는 사실을 알았기 때문이다. 프랭클린은 몇 종류의 염용액을 차례로 통과시킨 수소를 카메라 속에 투입했다. DNA 섬유를 건조제 위에 올려놓아 물을 뺀 다음 사진을 찍고 습도를 다르게 조절하면서 결국 DNA의 흡습 과정과 건조 과정을 쉽게 재연했다. 이러한 과정을 통해서 프랭클린은 고습도 실험 조건을 이용하는 유일한 연구자로서, 최고로 선명한 사진 촬영에 도전했다.

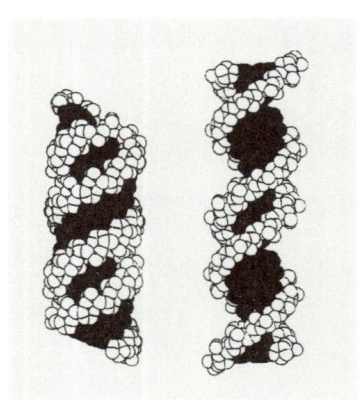

A형 DNA(좌측)와 B형 DNA(우측)

그 결과 그녀는 새로운 사실을 사진으로 잡아냈다. 바로 DNA에는 두 가지 형태가 존재한다는 것. 길고 가늘며 물을 많이 머금은 젖은 형 또는 B형 DNA, 그리고 짧고 건조한 마른형 또는 A형 DNA가 그것이었다. 그리고 그녀는 이러한 구분이 없었던 이전의 DNA 연구는 모두 이 두 가지 형태가 기이하게 뒤섞여 있는 한계를 지니고 있다고 지적했다. 프랭클린은 치밀하고 성실한 자세로 DNA 연구 관련 자료를 모으고 분석하는 일에 몰두했다. 그녀의 실험노트 군데군데에서 DNA 구조에 대한 가설을 발견할 수 있다.

> DNA 구조는 커다란 나선 또는 여러 개의 사슬로 구성된 작은 나선이다. 인산의 위치는 바깥쪽에 있어야 한다. …… 인산이 분자 바깥 부위에 있다는 것은 습도의 변화에 따라 물이 섬유 안팎으로 쉽게 드나들 수 있다는 사실에 바탕을 둔 것이다. 인산이 물을 흡수함으로써 DNA 분자가 물을 먹고 길어지게 되는 것이다.
>
> 브렌다 매독스(Brenda Maddox), 《로절린드 프랭클린과 DNA》(2002)

프랭클린은 푸르베르그가 박사학위 논문에서 애스트베리의 가정을 수정해 내놓은 주장, 즉 DNA 염기들은 당과 평행으로 있을 수 없으며 대신에 분자 축에 수직으로 있다는 설을 받아들였다. 바로 이 점에서부터 프랭클린은 염기들이 DNA 분자의 수분에서부터 떨어져 분자 안쪽으로 향하고 있음을 추론했다.

A형과 B형 DNA의 X선 이미지를 비교하면서 프랭클린은 B형 DNA가 분명히 나선형 패턴을 보이고 있음을 확신했다. 그러나 아이러니하게도 프랭클린은 B형 DNA에 집중하기보다 A형에 많은 시간을 할애하면서 결정학적인 분석을 수행했다. 그녀의 이러한 방향 설정 때문에 이중나선 구조를 지닌 DNA 분자의 분석이 상당히 지연되었다. A형 DNA에 몰두하던 프랭클린은 다음 해인 1952년의 5월에야 최고의 B형 X선 이미지를 가질 수 있게 되었다. 이것이 바로 훗날 1953년의 왓슨에게 천둥 같은 영감을 주었던 그 사진이다. 아무도 모르고 있었지만, 그녀는 놀라운 결과를 얻어내고 있었던 것이다.

 프랭클린의 실험이 무르익는 동안 그녀와 관계가 좋지 않았던 윌킨스의 DNA 연구는 이와는 별도로 진행되었다. 1952년이 시작될 무렵 윌킨스는 여러 종류의 세포 DNA 촬영 사진을 확보해

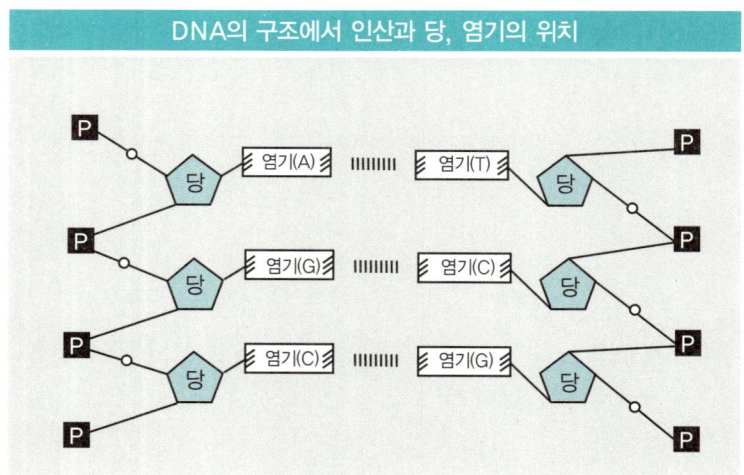

DNA의 구조에서 인산과 당, 염기의 위치

놓고 있었다. 그 역시 DNA의 구조가 이중나선의 형태를 띨 것으로 확신했지만, DNA의 구조와 관련한 유전자복제 문제에는 거의 무관심한 상태였다.

왓슨의 실수, 위기를 부르다

1951년 왓슨은 캐번디시로 옮기면서 크릭과 만나게 되었지만 DNA 실험 연구를 공식적으로 수행할 수 있는 처지는 아니었다. 다시 말해 DNA 구조 문제를 해결하기에 유리한 위치에 있었다고는 할 수 없었다. 캐번디시에서 왓슨의 박사후 연구 과제는 식물바이러스의 X선 연구였으며, 크릭은 단백질 X선 회절에 관한 학위논문을 준비하고 있었다. 그런 와중에 생각지 못한 곳에서 왓슨과 크릭에게 도움의 손길이 뻗어 왔다. 먼저 크릭과 친밀한 교류를 나누던 윌킨스가 프랭클린과의 갈등으로 괴로워하던 중 위로와 격려를 얻기 위해 캐번디시를 자주 방문했던 것이다. 크릭은 물론 왓슨 또한 윌킨스의 DNA 연구 진척에 관해 자연스럽게 알 수 있었고, DNA 나선 구조의 가능성에 대해서도 알게 되었다. 하지만 두 사람의 관계 악화가 왓슨과 크릭에게 마냥 이득이 된 것은 아니었다.

윌킨스와 프랭클린은 DNA 구조에 대한 명확한 증거를 제공할 것이라는 기대를 받았지만, 점차 그들의 인간관계가 최악으로 치달으면서 윌킨스가 한동안 DNA의 X선 연구에서 멀어졌던 것이다. 그리하여 왓슨과 크릭은 그들의 갈증을 해결해줄 수 있는 신뢰할 만한 최신 자료가 부족했다. 이것은 왓슨의 사소한 실수와 맞물려, 일반적인 시행착오의 범주를 넘은 커다란 실패로 이어지게 된다.

1951년 11월 왓슨은 런던의 킹스 칼리지에서 열린 컬로퀴엄colloquium에 참석했다. 그곳에서 프랭클린은 얼마 전 획득한 DNA의 A형과 B형 사이에 일어나는 전환에 관한 자료를 발표했는데 불행히도 왓슨은 프랭클린의 중요한 결론을 기억력에 의존한 채 별도로 기록하지 않았던 것이다. 프랭클린이 발표한 중요한 결론이란 바로 DNA 분자가 나선 구조를 가졌고 인산이 DNA 분자의 바깥쪽에 놓여 있다는 내용이었다.

인디애나 대학원 시절 그의 지도교수였던 루리아는 왓슨처럼 실험노트를 잘 정리하는 학생을 본 적이 없었다고 회고했지만, 왓슨 스스로는 자신의 메모 습관이란 별게 없었다고 말한 바 있다. 그의 기록 성향에 관한 진실은 다소 혼란스럽지만, 어쨌든 왓슨의 이 사소한 실수는 예상치 못한 커다란 실패를 가져다주었다.

왓슨과 크릭은 그들이 생각한 구조를 장난감 같은 모형으로 실행에 옮기는 대담한 시도를 했다. 폴링이 시도했던 단백질 알파나선 구조의 모형을 떠올렸던 것이다. 그들은 DNA 역시 공과 막대를 써서 3차원적 구조를 나타내는 것이 가능할 거라고 보았다. 게다가 이 방법은 콧물 같은 겔 섬유를 만질 필요도 없으며, 그저 분자가 어떻게 연결된 것인지 구조화학의 간단한 법칙만을 밝히면 되는 것이었다. 왓슨과 크릭은 DNA의 구조적 특징이 반복성이라는 것, 즉 뼈대가 되는 축을 중심으로 당과 인산기가 규칙적으로 같은 구조를 이루며 나타난다는 것을 알고는 함석 조각들로 모형을 만들어 이리저리 끼워 맞춰보기로 했다.

DNA 분자는 외가닥의 폴리뉴클레오티드(당·인산·염기로 구성된 뉴클레오티드의 중합체) 사슬로 연결되어 있다고 생각하기에는 지름이 너무 컸기 때문에, 크릭은 그것이 여러 가닥의 폴리뉴클레오티드 사슬이 서로 꼬여서 형성된 복합 나선이라고 가정했다. 그러나 모형을 조립하는 데 당과 인산으로 된 뼈대는 규칙적으로 하되 염기의 배열 순서는 불규칙적이어야 했다. 왜냐하면 염기의 배열마저 규칙적이라면 DNA 분자는 모두 같게 되어 수많은 유전자를 구별하는 다양성을 찾아볼 수 없을 것이기 때문이었다. 결국 그들은 삼중사슬 모델을 제안했는데, 그것은 인산이 안쪽에, 염기는 바깥쪽으로 나와 있는 모양이었다. 결과는 그럴싸해 보였다.

모형 발표는 캐번디시에서 있었다. 그러나 발표장에 참석한

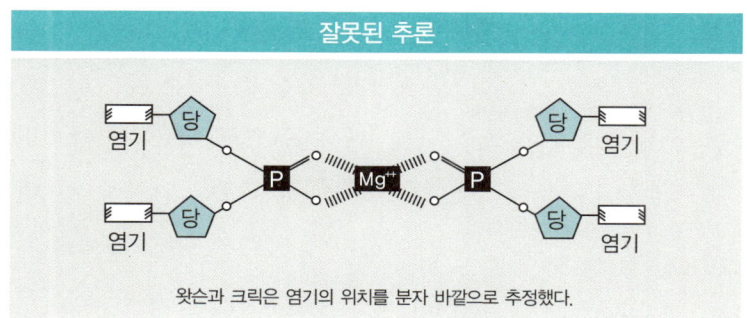

잘못된 추론

왓슨과 크릭은 염기의 위치를 분자 바깥으로 추정했다.

프랭클린의 비판은 매서웠다. 그녀에 따르면, DNA 분자는 매우 목마른 분자이며 왓슨과 크릭이 상상하고 있는 것보다 10여 배 이상의 물을 흡수하고 있다는 것이었다. 이때 인산은 물과 작용하여 생기는 산이므로 당연히 물에 둘러싸여 분자의 바깥쪽에 있어야만 했다. 특히 인산기의 음(-)전하를 중화시킬 수 있는 양이온이 무엇이냐에 따라 DNA 구조가 달라질수 있는데, 왓슨과 크릭이 잘못 배치한 인산기 주변의 나트륨 이온(Na^+) 또는 마그네슘 이온(Mg^{++}) 등은 물의 막에 둘러싸여 결합에 도움이 되지 못한다는 것이었다. 인산 축에 관한 왓슨과 크릭의 실수는 당황스러웠다. 이는 왓슨이 얼마 전 프랭클린이 킹스 칼리지의 컬로퀴엄에서 제시했던 DNA 샘플의 수분 함량에 대한 내용을 기억했더라면 피할 수 있었던 오류였다.

캐번디시에서 왓슨과 크릭의 대실수로 인해 브래그는 그들에게 DNA 연구 중지 명령을 내릴 수밖에 없었다. 왓슨과 크릭의 연구 방법에 독창성이 전혀 없다고 생각해 DNA 연구를 킹스 칼리지로 넘기라고 지시했던 것이다. 이러한 사건 이후 왓슨과 크릭은 윌킨스에게 DNA 모델을 구축할 것을 독려했지만, 그들의 DNA에 대한 관심이 줄어든 것은 아니었다. 예를 들어 왓슨은 연구 중지령으로 직접적인 DNA 연구에서는 멀어졌지만 담배모자이크바이러스의 핵산 RNA 연구를 통해 DNA 핵

◇ 담배모자이크바이러스
식물병을 일으키는 미생물로, 담배나 토마토의 잎에 녹색 반점을 생기게 하거나 잎을 줄어들게 한다. 바이러스의 입자는 막대 모양의 거대 분자로, 나선형 RNA에 단백질 분자가 3:1의 비율로 결합해 있다.

산에 대한 끈을 간접적으로나마 잡고 있었다.

1952년, DNA 연구에 가속도 붙다

1952년 2월 프랭클린은 킹스 칼리지의 1951년 연구 결과 보고서를 정리하면서, 여기에 A형 DNA 분자 결정의 단위세포 unit cell 분석을 포함시켰다. 단위세포는 예를 들어 벽돌벽에서의 벽돌처럼, 결정 내부에서 일정한 규칙에 따라 반복해 배열되는 구성단위를 지칭하는 것이다. 프랭클린은 국제결정학표의 분류에 따라 이 단위세포의 대칭성 배열을 잠정적으로 면심 단사정계 face-centered monoclinic 라고 불렀다.

이 밖에도 프랭클린이 1952년 5월에 찍은 51번 사진은 B형 DNA 사진 역사상 가장 선명한 것으로, DNA가 절대적으로 나선의 모양이라는 사실을 보여주었다. 그녀는 1952년 6월경 킹스 칼리지를 떠나 버널이 있는 버크벡 대학으로 자리를 옮기는 것이 공식적으로 승인되면서 랜들에게 제출할 최종 보고서에 그동안의 DNA 연구에 대해 상세히 기술했고, DNA X선 사진에 나타난 단위격자의 길이·너비·각도를 포함한 전체 수치도 꼼꼼하게 기록했다.

이러한 증거 자료들은 프랭클린이 DNA 결정의 형태가 이른바 면

◌ **면심 단사정계**
길이가 다른 세 개의 결정축 a, b, c가 있을 때, a와 b는 서로 직각으로 교차하고 b와 c도 서로 직각으로 교차하지만 a와 c는 서로 비스듬히 교차하는 결정 형태.

심 단사정계라 불리는 부류에 속한다는 사실을 알고 있었음을 확실하게 보여주고 있다. 그녀는 또한 DNA의 구조가 보여주는 형태는 나선형이며 인산이 분자 밖에 있다는 확고한 주장도 보고서에 담았다. 랜들에게 제출한 이 보고서는 킹스 칼리지의 생물리학부를 후원하던 영국 정부 산하의 의학연구위원회[MRC]에 제출되었다.

불행히도 결정이나 생체 분자의 X선 회절 연구에 대한 경험이 미숙했던 프랭클린은 단위세포의 이중대칭성 배열을 간과했다. 다시 말해서 DNA 결정은 위아래를 바꾸어도(180도 회전시켜도) 동일한 모습이었다. 이 비밀은 바로 얼마 뒤 크릭이 밝혀내게 되었다. 크릭이 알게 된 DNA 구조의 놀라운 비밀이란 두 개의 나선 가운데 하나는 위로 올라가고 하나는 아래로 내려온다는 것이다. 즉, 그들은 상하로 오르내리는 에스컬레이터처럼 반평행이었다. 어쨌든 프랭클린이 킹스 칼리지를 떠나면서 남겨둔 이 보고서는 후에 캐번디시의 퍼루츠를 위시한 위원들에게도 보내져 왓슨과 크릭이 DNA 구조를 발견하는 데 큰 몫으로 작용했다.

폴링의 논쟁과 재연구 기회

1952년 12월 폴링은 캐번디시 연구소에서 유학체류 중인 그의 아들 피터[Peter Pauling, 1931~2003]에게 논문 한 편을 보냈다. 켄드루의 대학원생으로 캐번디시에 온 피터는 왓슨, 크릭과 친밀한 동료관계에 있었다. 폴링 부자의 주기적인 서신왕래는 그들의 가정·개인사 차원의 소통 수단이기도 했지만, 동시에 미국과 영국의 과학정보 교류의 매개체이기도 했다. 1952년 마지막 달에 폴링이 피터에게 보낸 논문은 폴링이 그의 동료인 로버트 코리[Robert Corey, 1897~1971]와 함께 수행한 DNA 구조 모델에 관한 것이었다.

그 논문은 캐번디시의 브래그와 퍼루츠에게 단백질 연구를 둘러싼 폴링과의 경쟁을 상기시킴으로써 다소 위협적인 인상을 심어주는 것이었다. 이미 알파나선 구조 모델을 통한 단백질 기본 구조 해명에 뒤처지게 된 캐번디시로서는 폴링의 연구를 접하자마자 우려와 불안에 빠질 수밖에 없었다. 그러나 정작 폴링의 DNA 구조 모델링은 또 하나의 거대한 실패작이었다. 그것은 얼마 전 왓슨과 크릭이 시도했던 것과 같은, 당-인산의 뼈대를 안쪽에 둔 세 가닥의 나선 구조였다.

폴링의 DNA 연구는 어떻게 이루어졌는지 더 자세하게 살펴보자. 폴링은 1951년 단백질의 알파나선 구조를 발견한 직후 본격적으로 DNA 연구에 들어갔다. 단백질의 신비를 푼 폴링은 내친 김에 핵산 DNA의 구조도 밝히려 했다. 이때 폴링은 영국의 윌킨스에게 접근해 DNA X선 사진의 사용 허가를 얻어내고자 했지만, 윌킨스는 자신이 직접 연구하겠다는 의도로 이 요청을 거절해버렸다. 이에 폴링은 DNA의 X선 연구에 대해 직접 뛰어드는 정공법보다는 이미 널리 알려진 1947년 애스트베리의 X선 사진 자료를 이용하는 다소 우회적인 방법을 통해 DNA 분자의 윤곽 정도는 파악해낼 수 있었다. 폴링의 DNA 연구는 그의 단백질 연구에 비해 진척이 매우 더뎠던 것이다.

폴링의 DNA 연구를 상대적으로 부진하게 만든 몇 가지 이유가 있었다. 먼저 폴링은 DNA 연구집단과 교류가 별로 없었다. 특히 그에게 중대한 손실을 안겨준 것은 1952년 영국 왕립협회의 단백질구조학회에 참석하지 못한 것이었다. 앞서도 말했듯이 당시 매카시즘의 광풍 속에서 핵무기 반대 운동의 선동가, 심지어 공산주의자라는 의혹이 그에게 쏟아진 탓에 폴링은 여권이 취소되어 영국으로 출국할 수 없었다. 만약 폴링이 영국을 방문할 수 있었다면 윌킨스, 고슬링, 프랭클린 그리고 왓슨과 크릭과의 만남이 주선될 수도 있었을 것이며 이는 어떠한 식으로든 그의 연구에 긍정적인 영향을 미쳤을 것이라는 게 역사의 안타까운 가정이다.

한편 폴링은 영국 학회에 불참한 뒤 3개월 정도 지나 한 달 동안 영국을 방문했는데, 킹스 칼리지에 들르거나 프랭클린의 귀중한 X선 사진을 구하기 위한 노력도 기울이지 않은 것으로 보아, 폴링은 이 무렵까지도 DNA 연구에 본격적으로 관심을 쏟지는 않았다는 점이 사실에 가까울 것이다. 훗날 그의 회고에 따르면 여전히 단백질이 그의 주관심사였고, 또 과거의 전례로 보아 어떤 식으로 요청을 해도 윌킨스가 DNA 자료를 내주지 않을 것으로 이미 믿었다는 것이다.

폴링은 이중나선의 모델을 염두에 두지 않은 것으로 보인다. 폴링의 동료 코리도 프랭클린 최고의 역작인 51번 B형 DNA 분자 사진을 실제로 볼 기회가 있었지만 화학적 지식이 짧아 별 의미를 발견하지 못했다. 만약 폴링이 그 사진을 구경했었다면 분명 애스트베리의 DNA 사진이 프랭클린이 구별한 A형과 B형 DNA 구조의 혼합에 지나지 않는다는 점을 알아냈을 것이다. 또한 폴링은 이미 왓슨과 크릭의 삼중나선 모델의 대실패에서 모종의 교훈을 얻을 수도 있었을 것이다. 그러나 이 모든 가정은 그가 영국 DNA 연구자들과 접촉을 꾀했을 경우에만 가능한 일이었다.

이상의 사실과 정황 증거는 폴링 자신의 지나친 자부심이 DNA 구조 대발견에 이르는 길의 장애물이었음을 암시한다. 단백질 알파나선 구조 발견의 주역이었던 폴링은 DNA 구조의 규명도 단지 시간 문제일 뿐 언젠가 바로 자신의 손에 의해 해결될 것으로 자신했던 것이다. 그러나 영국 방문을 마치고 캘텍으로 돌아온 지 3개월 뒤 폴링이 제안한 이른바 DNA 구조는 이미 얼마 전에 오류로 판명된, 왓슨과 크릭의 버전과 정확하게 일치하는 것이었다. 즉 인산이 분자의 중앙에 있는 삼중나선 모델이었다.

불행히도 폴링에게는 중요한 자료가 없었다. 그에게는 상세한 X선 이미지도, 아이디어를 교환하고 때로는 자문을 구할 수 있는 프랭클린 같은 동료학자도 없었다. 그럼에도 폴링은 DNA 삼중나선 모델의 발표를 감행했다. 다소 정확하지 못한 구석이 있었지만 그는 DNA 분자 구조 모델을 발표한 최초의 인물이 되고 싶었던 것이다. 단백질 알파나선 구조 모델의 경우와 비교해봐도 그의 발표 내용은 충분한 준비와 근거 없이 감행한 조잡함 그 자체였다.

아들 피터를 통해 캐번디시 연구소에까지 전달된 폴링의 논문은 폴링과 오랜 경쟁관계에 있던 브래그의 조소를 사고 말았다. 다만 경쟁자가 DNA 연구의 영웅을 꿈꾼다는 사실 자체에 자극받은 브래그는 퍼루츠에게 왓슨과 크릭의 DNA 연구금지령을 해제하도록 하고 그들에게 재기의 기회를 주었다. 다시없는 기회를 잡은 왓슨은 연구를 위해 주문한 마분지조각과 금속조각 부품이 도착하기만을 기다리며 DNA 구조 모델 조립에 착수했다.

드디어 1953년, DNA 구조가 발견되다

1953년 1월에 캐번디시에 도착한 폴링의 논문은 치명적인 오류를 지닌 실패작으로 판명되었다. 세계 최고의 화학자가 보여준 어처구니없는 실수에 쾌재를 부른 사람은 다름 아닌 왓슨이었다. 왜냐하면 이를 계기로 폴링과 오랜 경쟁관계에 있었던 브래그에게서 DNA 연구 재개를 허가받을 수 있었던 것이다.

바로 그 무렵 킹스 칼리지에서는 버크벡 대학으로 떠나는 프랭클린의 고별강연이 있었다. 여기에 참석한 왓슨은 강연에 앞서 프랭클린을 방문해 폴링의 논문이 보여준 실수에 관해 논하고자 했다. 그러나 프랭클린은 이에 대해 무시하면서, 폴링은 물론 왓슨이 추구한 DNA의 나선 구조에 대해서도 반대하는 입장임을 강조했다. 고별강연에서도 프랭클린은 나선에 대해 한마디도 언급하지 않았으며, 자신의 대표적인 51번 B형 DNA 사진도 보여주지 않았다. 그녀는 확보된 자료와 발견을 정식 논문의 형태로 알리고 싶을 뿐이었다. 그녀의 발견은 DNA가 A형과 B형 두 가지 형태로 존재한다는 점, 친수성親水性 DNA 분자의 모습 그리고 나선형 구조라고 확신한 B형 DNA의 발견 등을 포함하고 있었다.

프랭클린이 왓슨에게 신경질적으로 나선형 구조의 가능성에 대해 부정적인 의견을 나타낸 것은 A형 DNA로 미루어볼 때 DNA가 나선형이 아닐 수 있다는 뜻이었지, 그녀가 결코 나선형을 포기한 것은 아니었다. 단지 X선 자료로부터 긍정적인 논증을 성급하게 추출해내는 것에 신중했을 뿐이다.

프랭클린의 이직은 제3자를 통해 왓슨에게 한 가지 엄청난 보물을 안겨주는 결과를 낳았으니, 그것은 DNA 구조 발견의 역사에서 가장 극적이고도 결정적인 순간이었다. 프랭클린이 버크벡 대학으로 자리를 옮기게 됨에 따라 그의 지도학생이었던 고슬링은 이제 윌킨스의 지도를 받게 되었다. 고슬링은 자신의 새 지도교수에게 그동안의 DNA 연구 현황을 보고했다. 바로 이때 윌킨스가 보게 된 그 유명한 B형 DNA 51번 사진이 왓슨에게까지 전해진 것이었다. 그것은 최상의 품질을 보여주기는 했으나 어디까지나 실험실에 널리고 널린 수많은 DNA 회절 사진 가운데 하나일 뿐이었다. 그러나 그 한 장의 사진이 왓슨에게는 특별하게 다가왔다. 왓슨은 "그 사진을 보는 순간 나는 입이 탁 벌어졌고 맥박이 빠른 속도로 뛰기 시작했다"라고 회고한 바 있다.

그것은 종전의 A형에 비해 엄청나게 간단한 것이었다. 그뿐만 아니라 사진에 나타난 십자형의 반사 무늬는 나선형을 명확하게 보여주었던 것이었다. A형에서는 나선 구조 자체가 증명이 간단하지 않았다. 왓슨은 케임브리지로 돌아오자마자 나선 사진에 대한 기억을 살려 신문 귀퉁이에 DNA 나선의 모습을 그려가면서 두 가닥의 사슬로 된 모델에 대한 가정을 심각하게 고려했다. 그는 생물학적으로 중요한 물질은 언제나 쌍으로 되어 있다는 관행적인 사유를 믿었다. 크릭과의 공조 아래 연구는 빠른 속도로 진전되기 시작했다. 비록 크릭은 이 사진을 직접 볼 수는 없었지만, 왓슨과 마찬가지로 그 사진이 자신들의 생각을 지지하는 증거임에 틀림없다고 확신했다.

　이런 과정에서 봐도 알 수 있듯이, DNA 구조 발견과 관련해 프랭클린의 존재를 따로 다루지 않을 수 없다. 현재까지 프랭클린에 관한 대표적인 전기물은 두 편이 선보였다. 앤 세이어[Anne Sayre](1975)와 브렌다 매독스[Brenda Maddox](2002)가 쓴 전기물은 여성 과학자로서 프랭클린의 삶과 업적에 대한 심층적인 연구를 담고 있다. 이들의 공통적인 목적은 이미 1968년에 왓슨이 출판한 베스트셀러《이중나선[The Double Helix]》에서 드러난 프랭클린에 대한 왜곡된 시각을 수정하는 데 있다. 왓슨이 이 책에서 남성 중심적으로 서술한 것과는 완전히 다르게 프랭클린이야말로 DNA 구조를 이해하는 데 결정적인 증거를 제공하고 연구의 결실을 맺게 한 주역이라는 것이다.

　1952년에 이르러 DNA의 중요성이 인지되기 시작했다. 유전물질로서 생명체의 존재와 증식을 가능하게 하는 데 필요한 모든 정보를 저장하는 유일한 곳이라는 점에는 어느 정도 합의가 있었다. 단지 여전히 미궁인 것은 DNA 분자의 구조가 어떤 모습인지, 유전자의 기능을 어떻게 이해해야 하는지 같은 것이었다. 이러한 문제를 해결하는 열쇠인 DNA 이중나선 구조와 유전의 기능에 해당하는 염기쌍의 비밀을 왓슨과 크릭이 풀어냈다. 그들은 DNA를 둘러싼 어떠한 종류의 실험도 하지 않았지만 중요한 실험 증거물을 가질 수 있었다. 특히 킹스 칼리지의 윌킨스가 가져다준 중요한 DNA X선 사진 한 장은 대발견의 결정적인 증거를 제시했기에, 윌킨스는 DNA 이중나선 구조 발견에 있어 제3의 주역으로까지 평가되고 있다. 그러나 정작 그 X선 사진을 만들어낸 주인공에 대해서는 그동안 아예 무시하거나 왓슨에 의해 다소 왜곡되었던 것이 사실이다. 탁월한 과학자 프랭클린은, DNA 이중나선 구조의 규명을 한발 앞에 두고 왓슨과 크릭에게 선수를 놓쳤을 뿐 아니라, 오히려 그들의 발견에 자신도 모르는 사이에 기여를 하고 말았다.

퍼루츠가 전해준 기쁜 소식

1953년 2월 왓슨과 크릭은 퍼루츠에게서 MRC 보고서 한 편을 전해 받았다. 이것은 프랭클린이 버크벡 대학으로 떠나면서 킹스 칼리지에서의 연구 결과를 정리한 것이었다. 또한 킹스 칼리지를 지원하는 MRC에 제출할 목적으로 만들어진 것이기도 했다. 한마디로 프랭클린의 DNA 연구를 총정리한 이 보고서에는 왓슨과 크릭이 원한 모든 정보가 담겨 있었다. DNA 구조가 A형에서 B형으로 전환되는 것을 설명한 부분, 단위세포의 면심 단사정계의 측정치를 명시한 표 등 귀중한 자료가 모두 망라돼 있었던 것이다. 특히 이 자료 덕에 크릭은 DNA 결정이 이른바 단사정계 C2라 불리는 공간군에 속한다는 것을 즉시 알 수 있었다. 단사정계 C2는 크릭이 말의 헤모글로빈에 관한 논문을 쓰면서 연구한 적이 있는 공간군이었다. 이러한 해석은 사실 왓슨이 얼마 전에 있었던 프랭클린의 컬로퀴엄에서의 주장을 제대로 기록했더라면 좀더 빨리 다다를 수 있는 결론이었다.

이로부터 크릭이 유추한 DNA 결정의 모습은 위아래를 바꾸어도, 즉 아래위로 180도 회전해도 같은 모습을 지니는 것이었다. 따라서 두 개의 나선 가운데 하나는 위로 올라가고 하나는 아래로 내려온다는 것이었다. 그들은 각각 위, 아래로 동작하는 나선형 에스컬레이터 쌍에서 한 명은 위로 오르는 쪽, 다른 한 명은 아래로 내려가는 쪽에 타서 서로 마주 보고 있는 쌍둥이같이, 진행 방향만 반대로 하는 평행이었다.

프랭클린의 MRC 보고서는 왓슨과 크릭에게는 천우신조^{天佑神助}의 기회와도 같았다. 그 보고서가 그들에게 전해진 경로와 그들에게 준 정보의 범위 등에 대한 논란이 다양하게 일었지만, 정작 MRC 보고서의 저자 프랭클린은 보고서가 왓슨의 손에 흘러들어 간 사실에 대해서 전혀 모르고 있었다. 또한 퍼루츠가 스스로 MRC 보고서를 왓슨과 크릭에게 주었는지 아니면 그들의 직접적인 요구에 응해 보고서를 구해서 건네주었는지 역시 몇 년 동안 커다란 논쟁의 주제가 되었다. 훗날 퍼루츠는 그 보고서는 공공적인 성격의 것이어서 왓슨과 크릭도 열람할 수 있는 권리가 있었다고 주장했다.

왓슨과 크릭이 프랭클린의 MRC 보고서에서 어느 만큼 도움을 얻었느냐에 대해서도 여러 주장이 있다. 그들이 DNA 나선의 지름이 20옹스트롬이라는 증거를 얻은 것이 바로 이 보고서를 보고 나서였다는 주장이 있다. 20옹스트롬이라는 숫자는 두 가닥의 사슬 사이 어딘가 안쪽에 염기가 밀어 넣어져야 하는 공간의 크기를 나타낸다는 점에서 더할 나위 없이 중요한 정보였다. 이것조차 MRC 보고서에서 나온 것이라고 하면 왓슨과 크릭의 대발견에서 프랭클린의 영향은 더욱 강화되는 것이다. 그러나 왓슨은 훗날, 자신이 이 같은 구상을 이미 윌킨스와 애스트베리의 연구에서 파악했다고 기술했다.

염기 짝짓기

생물계에서는 중요한 분자들이 쌍으로 되어 있는 경우가 많다. 왓슨과 크릭은 여기서 유추해 DNA의 경우도 두 가닥의 사슬로 모형을 만들어보는 게 좋을 것이라고 생각했다. 왓슨은 20옹스트롬이라는 나선의 지름을 믿었다.

문제는 염기의 모형을 어떻게 처리하느냐는 것이었다. 이 염

DNA 염기 짝짓기

티민(T)
아데닌(A)
시토신(C)
구아닌(G)

T A
C G

아데닌은 티민과, 구아닌은 시토신과만 결합한다.

기를 나선 내부, 즉 두 가닥 사슬 사이의 공간에 밀어 넣는다고 할 때 염기의 배열 순서가 불규칙적인 두 가닥의 사슬을 어떻게 한 곳에 묶을 수 있느냐라는 엄청난 문제가 생긴다. 또 하나 알려진 사실은 염기와 염기 사이에서 형성되는 수소결합이 서로 꼬여 있는 두 폴리뉴클레오티드 사슬을 붙들어 맨다는 것이었다. 수소결합이란 두 원자 사이에 수소원자가 들어감으로써 생기는 약한 화학결합을 의미한다.

왓슨은 염기의 비밀을 풀기 위해 고민을 시작했다. DNA 모형에서 사슬 안쪽에 위치할 염기들을 어떻게 배열해야 바깥쪽의 뼈대가 완전히 규칙적으로 될 수 있을까? 왓슨의 전략은 이른바 '시행착오'를 두려워하지 않는 것이었다. 그는 염기 분자의 정확한 모양을 딱딱한 마분지에 그려서 그것을 가위로 오려냈다. 그리고 우연하게도, 두 개의 수소결합으로 연결된 아데닌과 티민의 결합체는 역시 두 개 또는 그 이상일지도 모를 수소결합으로 연결된 구아닌과 시토신의 결합체와 모양이 똑같다는 사실을 발견했다.

이 수소결합 역시 어색한 점이라고는 찾을 수 없었다. 두 쌍의 염기도 모양이 자연스럽게 같아졌다. 이로부터 왓슨은 중요한 결론을 얻게 되었다. 염기의 배열 순서가 아무리 불규칙한 경우에도, 퓨린염기(아데닌과 구아닌이 있음)가 피리미딘염기(시토신과 티민이 있음)하고만 수소결합으로 결합됨을 전제한다면 두 가닥으로 된 나선의 중심부에 이들 염기를 차곡차곡 채워넣는 것은 문제가 아닌 것이다. 또 아데닌은 오로지 티민과, 구아닌은 시토신에만 수소결합을 이루게 되므로 앞에서 기술한 샤가프의 실험 결과는 바로 이러한 이중나선 구조의 결과임이 분명해졌다.

이 이중나선의 구조가 가져다준 효과는 거기서 그치지 않았다. 이 구조는 DNA의 복제 메커니즘도 완벽하게 설명할 수 있다. 아데닌은 티민과, 구아닌은 시토신과 짝을 짓는다는 것은 서로 꼬인 두 사슬의 염기 배열 순서가 서로 상보적이라는 것을 의미했다. 따라서 한쪽 사슬의 염기 배열 순서가 정해지면 그 상대방 사슬의 염기 배열순서도 자동으로 결정된다. 두 사슬 가운데 어느 하나가 주형이 되어 그와 상보적인 사슬을 합성하는 것은 개념적으로 쉽게 이해할 수 있다. 염기쌍을 뒤집어엎어도 각 염기의 배당결합의 방향은 달라지지 않게 되는 것이다. 이것은 사슬 하나 속에 퓨린염기와 피리미딘염기 양쪽이 다 들어 있을 수 있다는 것을 의미하며, 동시에 두 사슬의 뼈대는 서로 반대 방향으로 달린다는 것을 강하게 암시하는 것이었다.

왓슨이 마분지 퍼즐을 통해 예기치 않게 알아낸 염기쌍 배열이 샤가프의 비율을 만족시킴으로써 수수께끼를 풀어낸 것이다.

샤가프는 일찍이 DNA 안에 있는 아데닌과 티민의 양이 서로 같고 구아닌과 시토신의 양이 서로 같다는 규칙을 발표했다. 왓슨과 크릭은 이미 1952년에 샤가프를 케임브리지에서 만난 적이 있었지만 당시에는 샤가프의 주장을 과소평가했다. 이제 염기 짝짓기의 가닥을 잡은 왓슨은 샤가프의 비율을 전격적으로 받아들이게 되었다.

왓슨은 이러한 과정을 거치면서 DNA 이중나선 구조의 발견에 다가서고 있었다. 한편 프랭클린은 어떻게 이러한 난관을 헤쳐 나가고 있었을까? 예를 들어 케임브리지를 방문한 샤가프에 대한 프랭클린의 생각은?

1953년 2월의 프랭클린은 샤가프의 비율에 대해서도 무지하지 않았다. 그녀는 아데닌과 구아닌 사이, 그리고 시토신과 티민

자신들의 DNA 모형 앞에서 웃고 있는 왓슨과 크릭 | 이전의 마분지 퍼즐은 금속모형으로 대체되었다.

사이에 상호교체가 가능하다는 사실이 왜 DNA가 변함없이 같은 수의 아데닌과 티민 분자, 시토신과 구아닌 분자를 가지고 있는지를 설명하는 데 도움이 된다는 사실을 깨달았다. 다만 그녀는 염기 짝짓기에 대한 전망을 신속히 그려내지는 못했던 것이다. 그녀의 실험노트는 A형과 B형 DNA 분자가 모두 2개 사슬로 이루어진 나선형임을 보여주었고, 그 한 귀퉁이에는 연구가 거의 완성되었다고 적혀 있었다.

유레카! DNA 분자 구조를 알아내다

왓슨은 마분지를 오려낸 모형을 가지고 아데닌과 티민을, 구아닌은 시토신과 짝을 맞추었다. 염기 짝짓기의 결과는 20옹스트롬 지름의 2개 사슬 나선 구조에 잘 맞아들어 갔다. 당-인산의 뼈대가 분자 바깥쪽에 자리잡고 내부의 염기들은 수소결합으로 서로 붙들린 상태로 배열을 만들기 위해서는 아데닌(A)과 티민(T), 구아닌(G)과 시토신(C)의 염기쌍이 필연적으로 보였다. 이렇게 만들어진 나선은 오른쪽으로 휘감는 형이었고, 두 사슬은 서로 반대 방향으로 달리고 있었다.

이 모델이 환상적이었던 점은 두 사슬의 상보성이었다. 염기 짝짓기에서 백미는 두 사슬 가운데 하나가 지퍼처럼 열리고 주형으로 이용되어 또 다른 상보적 사슬이 형성되는 것을 잘 보여준다는 데 있었다. 예를 들어 ACGCA는 TGCGT와의 만남을 이끌어낸다는 것이었다. 이러한 모델에서 나타난 DNA 구조는 무척 아름다웠다. 모델 조립이 끝나자 왓슨과 크릭은 즐겨 찾던 선술집으로 달려가서 "우리가 생명의 비밀을 발견했다"라고 소리쳤다.

1953년 4월 2일, 왓슨과 크릭은 자신들의 모델을 담은 논문을 《네이처》에 보냈다. 둘 중 첫 번째 저자가 될 사람은 동전 던지기로 결정했다. 논문 머리말은 다음과 같이 매우 신중한 문구로 시작했다.

> 우리는 여기에 DNA 구조를 제창하고자 한다. 이 구조는 생물학적으로 대단히 흥미로운 특징을 지니고 있다.
>
> 왓슨·크릭, 〈핵산의 분자 구조(Molecular Structure of Nucleic Acids)〉,
> 《네이처》(1953)

그 특징이란 DNA 구조가 유전물질의 복제 메커니즘을 보여준다는 것이었다. 그리고 약 2주 뒤에는 프랭클린 역시 논문 탈고를 목전에 두게 되었다. 이 논문에서 프랭클린은 자신의 B형 DNA X선 사진으로 가장 그럴싸한 DNA의 이중나선 구조를 보여주었으며, 인산이 바깥쪽에 있고 나선 간의 지름은 20옹스트롬, 2개 사슬의 거리가 13옹스트롬인 구조를 설명했다.

마침내 1953년 4월 25일 DNA 연구에 관련된 모든 연구 성과들이 3편의 논문으로 《네이처》에 실렸다. 각각의 저자들은 왓슨과 크릭, 또 하나는 윌킨스와 그의 동료, 그리고 마지막은 프랭클린과 고슬링이었다. 윌킨스의 논문은 DNA 분자의 나선체계(분자의 중심이 텅빈 나선형 계단에 해당)에 관해서만 기술하고 있었으며, 여러 가지 종의 세포 형태(송어의 정액과 파지 등)가 보여주는 유사한 DNA X선 회절 패턴도 소개했다.

몇 개월 뒤인 7월에는 프랭클린과 고슬링이 한 편의 논문을 더 출간했다. A형 DNA가 B형 구조와 유사하게 두 개의 사슬 나선형 분자를 포함하고 있다는 결론을 담은 논문이었다. A형 DNA에서는 28옹스트롬의 반복되는 나선을 따라 11개의 뉴클레오티드가 있는데 반해, B형 DNA에서는 10개가 있다는 것이었다.

그러나 무엇보다도 가장 의미 있는 논문을 꼽으라면 왓슨과 크릭이 1953년 5월에 쓴 논문을 들 수 있었는데, 거기에는 DNA

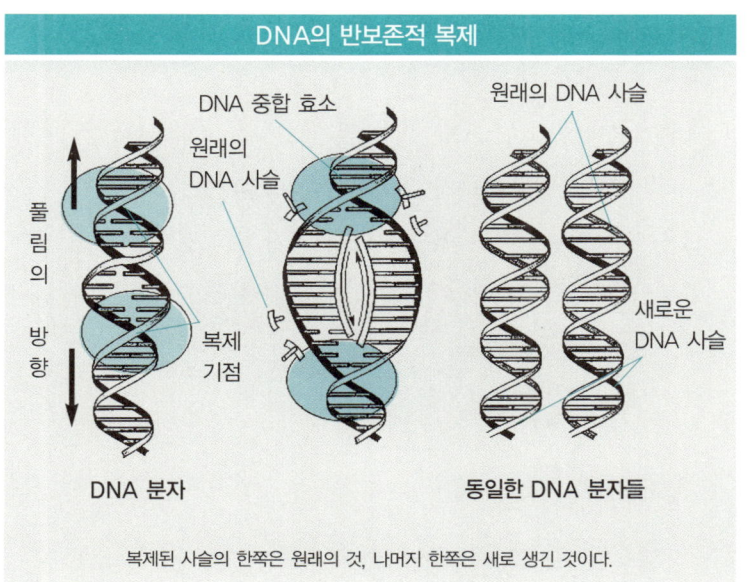

DNA의 반보존적 복제

복제된 사슬의 한쪽은 원래의 것, 나머지 한쪽은 새로 생긴 것이다.

이중나선 구조의 유전적 의미에 대해 서술되어 있었다. 그들은 이중나선 구조를 바탕으로 가장 간단한 DNA 복제 모델을 제시했으며, 이를 통해 유전자의 자기복제력을 설명했다. 그들의 모델에서 DNA의 이중나선은 별개의 두 사슬로 분리될 수 있었다. 두 사슬을 연결해주는 염기와 염기 사이의 수소결합은 다른 공유결합에 비해 결합력이 매우 약했기 때문에 분리가 쉽게 이루어졌다. 덕분에 DNA가 복제될 때는 수소결합 부분이 마치 지퍼가 열리듯이 벌어지게 되면서 각각 사슬의 염기는 세포 안에서 자유로운 뉴클레오티드 형태로 존재하는 상보적인 염기와 결합되었다. 그러므로 부모 세대와 동일한 다음 세대의 두 DNA 분자를 만들기 위해서는 이들 뉴클레오티드가 다시 결합하는 것으로 충분했다. 이들은 또한 돌연변이의 원인이 DNA 복제 시 부정확한 짝짓기를 일으키는 희귀한 형태의 염기들이 변칙적으로 존재하는 것에서 비롯될 수 있음을 시사했다.

그해 8월에 콜드 스프링 하버 연구소에서 열린 심포지엄에서 왓슨의 멘토인 델브뤼크가 DNA 구조의 결과를 알리는 데 많은 노력을 기울였다. DNA 유전자의 구조가 밝혀짐으로써 20세기 초반부터 생물학자들을 사로잡았던 자가복제의 특성이 설명되었다. 마침내, 분자생물학의 새로운 장이 열린 것이다.

만남6

대발견 이후
달라진 세상

공은 누구에게로?

1953년 DNA 이중나선 구조 논문을 발표한 이후 9년, 그리고 1958년 프랭클린이 사망한 지 4년이 지난 1962년에 왓슨과 크릭은 윌킨스와 함께 생리·의학 분야에서 노벨상을 수상했다. 그들에게 이러한 영광을 안겨준 대발견에 관련해, 수상자들 가운데 오직 윌킨스만이 프랭클린의 X선 분석의 공헌을 인정했다. 사실 왓슨이 1968년에 《이중나선》을 출판해 베스트셀러가 되기 전까지는 1953년 DNA 이중나선 구조 발견의 전말에 관해 세상에 알려진 것은 없었다.

 이 책에서 왓슨은 프랭클린과 윌킨스의 관계, 왓슨이 프랭클린의 51번 사진을 접하게 된 경로, 그리고 MRC 보고서에 대한 왓슨과 크릭의 접근 등 대발견 뒤에 숨은 이야기들을 모두 털어

영광의 얼굴, 1962년 노벨상 수상자들 | 왼쪽부터 윌킨스(생리의학), 퍼루츠(화학), 크릭(생리의학), 존 스타인벡(문학), 왓슨(생리의학), 켄드루(화학)

놓았다. 왓슨의 이와 같은 기술記述은 논란을 불러일으키기도 했지만, 이는 당시 DNA 연구를 둘러싼 과학자 집단의 사회사를 직접적으로 꾸밈없이 소개한 것이었다. 왓슨의 의도는 자신이 고백한 바와 같이, DNA 연구자들의 지적 모험과 열정, 그리고 아름다운 진리 추구를 보여주기 위한 것이었다.

그러나 그러한 의도에도 불구하고 프랭클린에 대한 왓슨의 평가는 객관적이지 못했다는 지적이 있다. 최근 들어 프랭클린의 삶과 업적은 재조명되고 있다. 전설적인 페미니스트 아이콘으로서 프랭클린의 위상이 강조되는가 하면, 다른 한편에서는 과학자로서 프랭클린의 삶에 대한 균형감 있는 분석이 소개되기도 했다. 어떠한 경우에도 DNA에 관한 프랭클린의 자료가 DNA 구조 발견으로 나아가는 데 핵심이었다는 주장에는 별다른 이견이 없게 되었다. 왓슨이 《이중나선》에서 프랭클린에 대해 행한 평가는 프랭클린의 참모습을 보여주지 못했다는 공감에 힘입어 이를 수정하는 작업이 진행되고 있는 것이다.

왓슨과 크릭의 DNA 구조 발견에 대해서는 수많은 질문이 제기되고 있다. 버크벡 대학에서 프랭클린의 가까운 친구이자 동료였던 에런 클루그$^{Aaron\ Klug,\ 1926\sim}$에 따르면, 프랭클린의 실험노트에 그녀가 DNA 이중나선 구조의 발견에 거의 가깝게 다가갔음을 보여주는 증거가 충분히 들어 있었다. 그녀가 사용한 우수한 실험장치와 실험기교로 판단하건대 문제 해결의 실마리에 이르는 것은 시간 문제였을 것이다. 다만 프랭클린이 과학자 집단의 중심에서 떨어져 홀로 연구를 진행한 데 따른 한계는 있었다.

그녀는 스스로 발견의 주역이 되고 싶어했으며 이를 위해 스스로에게 최고의 과학적 수준을 요구했다. 그녀는 철저하게 결정학 이론 중심의 X선 자료를 통해 DNA 구조를 밝혀내려고 했다. 구체적인 증거 없이 상상력과 시행착오로 가득한 모형 조립 제작 같은 엉뚱한 방법은 원천적으로 피한 것이다. 왓슨과 크릭이 DNA 구조를 연구하면서 사용한 막대, 금속판, 철선, 유색 플라스틱 공 등은 그녀가 보기에는 아무런 의미도 없는 장난감에 불과했다. 그러나 모형 제작은 머릿속의 여러 가지 구상을 실제로 시험해볼 수 있는 기회였으며, 또한 그것을 통해 어떤 통찰을 얻을 수 있는 장점도 있었다. 그렇다면 그녀에게 정말 필요했던 것은 다소의 유연함이 아니었을까? 아울러 그녀에게 또 하나 절실했던 것은 누군가와 협력하는 일이었을 것이다.

그녀가 크릭과 관계를 맺어 과학의 동료로 만들었더라면, 그리고 크릭이 그녀의 X선 사진을 보고 자료 해석에 관해 서로 교류했더라면 다른 결과를 만들어낼 수 있었을 것이다. 단적으로 말해, 그녀가 애써 만들어낸 X선 사진 속의 결정에 대한 분석에 홀로 난감함을 느끼고 있었을 때, 크릭은 결정학자들이 말하는 이른바 단사정계 C2라 불리는 공간군이 의미하는 바가 바로 이중나선의 대칭성임을 쉽게 파악했다.

어떤 이는 왓슨과 크릭이 이중나선 구조를 발견하지 못했다면 DNA 연구는 어떻게 되었을 것인가라는 가정을 세운다. 그들이 아니었어도 1~2년 안에 누군가 밝혀냈으리라는 생각에는 이견이 없다. 왓슨과 크릭 둘 가운데 어느 하나에게 사고가 생겨 남은 한 사람의 힘으로는 그 구조를 해결하지 못하는 상황이 벌어졌다면, 과연 누가 그 일을 해낼 수 있었을까? 먼저 폴링을 가장 유력한 후보로 들 수 있다. 그러나 이는 어디까지나 폴링이 자신의 실수를 인식하고 난 뒤에야 가능한 일이다.

프랭클린의 경우는 해결해야 할 몇 가지 난제가 남아 있었다. 여전히 두 사슬이 반대 방향으로 움직이는 이유와 염기 짝짓기의 의미를 파헤쳐야 했을 것이다. 아마 왓슨의 추진력이 없었더라면 대발견은 훨씬 뒤로 미루어졌을 것이다. 어떤 이는 왓슨의 발견을 행운이라 하겠지만 그는 항상 무언가 중대한 것을 찾고 있었다. 그 덕에 우연히 그것을 보았을 때 왓슨은 염기쌍의 중요성을 재빨리 깨달을 수 있었다. DNA 연구에 열광한 과학자들이 경쟁하는 속에서 하필이면 왓슨과 크릭이 DNA 이중나선 구조를 처음 발견한 데는 그만한 이유가 있었던 것이다.

정보의 분자 DNA 분자생물학의 고전시대

DNA 이중나선 구조를 발견하는 과정에서 상호만남을 통해 시너지를 불러일으킨 것은 비단 왓슨과 크릭이라는 과학자 개인만이 아니었다. 거기에는 과학의 여러 분야의 통합도 함께 이루어졌다.

학자들은 흔히 새로운 과학의 등장은 하나의 원론적 분야에서 다양한 영역으로 분화하는 과정을 거쳐 이루어진다고 강조해왔다. 예를 들어 18세기 말에서 19세기 초에 물리화학과 생화학 분야가 태동한 것은 기존 화학으로부터의 분리 과정으로 볼 수 있다. 하지만 분자생물학 분야의 등장은 분리와는 반대 현상으로, 이른바 분야끼리의 통합이라는 관점에서 바라볼 수 있다. 말하자면 분자생물학은 유전학(파지유전학), 생화학 그리고 생물리학 분야가 어우러져 등장한 잡종과학과 같은 것이었다. 이에 대한 좋은 본보기가 바로 왓슨의 지적^{知的} 경로다.

시카고 대학에서 동물학을 전공함으로써 생물학적 배경지식을 갖췄던 왓슨은 인디애나 대학원 시절에 파지그룹의 한 사람이던 지도교수 루리아와 인연을 맺으면서 관심 분야를 유전학으로 돌렸다. '생명이란 무엇인가?'라는 질문을 던지던 델브뤼크의 사상적 영향을 받은 왓슨은 파지 차원의 유전현상과 유전자의 기능을 이해하기 위해 생화학적 이론의 필요성을 절감했다. 생체물질의 생화학 연구를 위해 덴마크로 박사후 연구 과정을 떠났던 왓슨은 곧이어 생분자 DNA 유전자 구조의 이해에 필수적인 X선결정학을 통해 생물리학을 섭렵할 계획으로 캐번디시 연구소에 정착하게 되었다. 물리학 배경을 가지고 생물학적 유전 문제를 이해하고자 한 것이다.

이렇게 왓슨이 경험해온 여러 분야의 복합화·잡종화가 DNA 구조 발견으로 나아가는 배경이 되었다. 생물학과 물리학의 결합은 물론 유전학·생화학·생물리학의 잡종화가 이루어지면서 이른바 분자생물학 분야가 등장했다는 점에서 왓슨은 진정 분자생물학자의 상징과 같은 존재라고 할 수 있다.

1953년은 분자생물학의 실질적인 원년이라고 할 수 있다. DNA 이중나선 구조 모델은 DNA의 외형뿐만 아니라 유전자가 복제되어 유전정보는 양친에게서 자손으로 전달되는 과정, 그리고 배아에서 성체로 발달하는 메커니즘에 대한 합리적인 설명을 제공할 수 있었다. DNA 이중나선의 상보적 염기 짝짓기에 의해 염기의 서열에 포함된 유전정보는 DNA 한 가닥이 새로운 DNA 가닥을 만드는 데 주형이 되면서 복제가 가능해진다는 것이다. 이런 유전정보는 세포핵에서부터 세포질로 전달되어 단백질을 생성하라는 명령을 내린다. 이러한 복잡한 과정에 따라 생성된 단백질은 세포와 조직의 구조물을 구성하고 에너지 섭취와 사용, 호르몬 합성, 유전정보의 송·수신 같은 중요한 일을 수행한다.

대발견 이후 50년에 걸쳐 분자생물학자들은 유전현상 메커니즘의 규명과 응용을 통해 생물학·유전학·의학 등의 분야에서 엄청난 진보를 가져오는 주역이 되었다. DNA와 유전현상 연구 성과들이 유전자 조작과 복제, 순수단백질의 산업적 생산, DNA

염기 서열 판독을 위한 중대한 도구로 응용되면서, 궁극적으로 생명의 책, 즉 생명체 게놈에 저장된 정보 전체를 이해할 수 있게 되는 것이다. 이러한 분자생물학 분야의 기본 원리와 개론의 기초 원리 수립에도 왓슨과 크릭의 공헌이 두드러졌다.

DNA 구조가 해명되면서 분자생물학의 관심은 유전자의 역할에 대한 이해로 옮겨갔다. 즉, 이중나선 구조가 유전자의 복제와 기능 메커니즘을 촉진하는 양상에 관한 것이었다. 1953년에 발표된 왓슨과 크릭의 논문은 DNA 구조와 그 구조가 DNA 복제를 어떻게 가능하게 하는지에 대해 풀어내긴 했지만, 유전정보가 그 구조에 어떻게 들어 있는지, DNA에 있는 정보가 어떻게 세포로 전달되어 생명의 다양한 현상을 말해주는 단백질이 만들어지는지는 아직 밝혀야 할 과제로 남아 있었다.

DNA 구조가 해명되기 이전, 캐번디시 연구소 박사후 연구원 시절 왓슨은 그의 아파트에서 어떻게 DNA 정보가 단백질의 생산을 통제하면서 세포로 전달되는지에 대해 나름의 추측을 내리고 있었다. DNA가 세포의 핵 안에서 주형 역할을 해서 RNA ribonucleic acid를 합성하고, 이번에는 합성된 RNA가 세포질로 가서 단백질 합성의 주형 역할을 한다는 가설이었다. 왓슨은 다음과 같이 썼다.

그때 나온 증거로 인해 나는 DNA가 RNA 사슬을 만드는 주형이라는 것을, 그리고 RNA 사슬은 단백질 합성의 주형이라는 사실을 알 수 있었다. 나는 책상 앞 벽에 'DNA→RNA→단백질'

이라고 쓴 종이를 붙여놓았다. 화살표는 화학적 변환을 뜻하는 것이 아니라 DNA 분자의 뉴클레오티드 서열에 들어 있는 유전 정보가 단백질의 아미노산 서열로 전달된다는 사실을 의미하는 표시였다.

제임스 왓슨 저, 군터 슈텐트 편저, 《이중나선》

이제 1953년 4염기로 된 이중나선 구조가 파악되자 유전자의 본질적인 특성이 염기쌍들의 서열에 들어 있다는 것이 명확히 드러났다. 왓슨은 세포질에 많은 양의 RNA가 존재하기 때문에 RNA가 정보 전달체일 것이라고 생각했다. 이제 문제는 DNA가 어떤 방식으로 단백질 합성에 관한 정보를 담고 있느냐는 것이었다. 나아가 DNA로부터의 정보가 번역되어 아미노산으로 연결된 단백질을 생성하는 과정 역시 풀어야 할 숙제였다.

얼마 지나지 않아 왓슨과 크릭은 러시아 출신으로 미국에서 활동하던 이론물리학자 조지 가모프[George Gamow, 1904~1968]에게서 새로운 발상이 담긴 편지를 받았다. 당시 단백질 합성에서 RNA가 주된 역할을 한다는 것을 알지 못했던 가모프는 DNA 분자에 있는 염기 서열이 약간 다른 모양의 마름모꼴 구멍을 만든다고 보았다. 그래서 각각의 아미노산은 열쇠가 자물쇠에 들어가는 것처럼 DNA 분자에 있는 맞는 구멍을 찾아 들어가 서로 연결됨으로써 단백질 사슬을 형성한다는 것이었다. 이는 말하자면 아미노산이 DNA 염기쌍과 직접 접촉해 순서가 정해짐으로써 DNA 주형에 있는 염기쌍과 똑같은 수의 아미노산으로 된 폴리

펩티드가 만들어진다는 가설이었다.

 DNA의 글자가 네 개뿐인 반면 단백질을 만드는 데는 20개의 글자(아미노산)가 쓰인다는 문제를 해결하기 위해, 가모프는 아미노산 하나가 DNA 사슬에 있는 염기쌍 세 개(코돈^{codon})와 대응해야 한다는 가정을 세웠다. 세 염기가 아미노산 하나를 암호화하는 메커니즘에 대한 열기가 번져갈 때 왓슨은 가모프가 있는 버클리에서 20여 명의 관련자를 모아 RNA 구조를 파악하고 유전암호가 어떻게 작동하는지 규명하는 것을 목적으로 한 모임을 제안했다. 가모프는 이를 'RNA 넥타이 클럽'이라고 불렀다. 그 모임의 가치는 RNA 넥타이 클럽 서신을 통해 유전암호에 대한 생각을 서로 교환할 자리를 마련하는 것이었다. 물론 가모프의 별난 취향을 반영하듯 그 모임 회원들은 한 번도 공식회의를 하지 않았다.

 이 클럽에서 배출된 가장 커다란 지적 성과는 크릭이 1955년 내놓은 어댑터 가설이었다. 이 가설의 요지는 DNA가 직접적인 주형이 될 가능성이 없기 때문에 각각의 아미노산에 대해 20가지 어댑터(연결자)가 있으며, 한 어댑터 분자는 DNA의 주형과 딱 들어맞는 곳에서 수소결합을 통해 DNA와 결합하여 아미노산을 전해준다는 것이었다. 그리고 그 어댑터의 정체는 작은 핵산 조각, 바로 RNA 분자일 것으로 추측했다.

 그 이듬해인 1956년에 메일런 호글랜드^{Mahlon Hoagland, 1921~}가 어댑터 가설을 뒷받침해주는 몇 가지 실험 증거를 독립적으로 얻음으로써 크릭의 아이디어를 증명했다. 즉 그의 가설에서 말하는 어댑터란 오늘날 우리에게 tRNA$^{\text{transfer RNA}}$(운반 RNA)로 알려진, 아미노산을 이동시키는 작은 형태의 RNA를 말한다. 이것이 하는 일은 아미노산이 단백질 합성 기구인 리보솜에서 서로 결합해 단백질을 형성할 수 있도록 아미노산을 mRNA$^{\text{messenger RNA}}$(전령 RNA)의 유전정보에 따라 리보솜까지 운반해주는 것이다.

핵산과 단백질의 상관관계에 대해서도 많은 것이 밝혀졌다. 크릭은 1957년 한 강연에서 그 문제를 해결해줄 중요한 두 가지 가설을 발표했다. 그것은 이른바 서열가설$^{\text{sequence hypothesis}}$과 중심원리$^{\text{central dogma}}$였다. 크릭은 DNA 분자상의 염기 서열 암호에는 특정한 단백질의 아미노산 서열이 담겨 있다는 내용의 서열가설을 내놓았다. 서열가설은 몇 가지 중요한 사실을 설명해주었다. 그에 따르면 단백질은 몸속에서 일어나는 생화학적 반응에서 핵심 역할을 하며, 세포에서 호흡·소화·배설 같은 일상적인 일을 하는 분자이기도 하다. 반면에 유전자는 이러한 활동을 통제하는 일을 한다. 유전자는 단백질을 통제하고 생물의 모든 형질을

◇ RNA

X리보핵산. 뉴클레오티드 수십, 수백 개 정도가 길게 연결된 고분자 유기물로, 뉴클레오티드를 구성하는 성분인 염기와 당, 인산 중에 염기와 당 부분이 DNA와 다르다. RNA의 4가지 염기에서 아데닌·구아닌·시토신은 DNA와 같지만, 나머지 하나의 염기가 DNA는 티민, RNA는 우라실(uracil, U)이다. 또 당 성분이 '리보오스(ribose)'이면 RNA, '디옥시리보오스(deoxyribose)'이면 DNA이다. 생물의 대부분은 DNA가 유전자 구실을 하지만, 식물에 기생하는 바이러스, 동물성 바이러스의 일부, 세균성 바이러스의 유전자는 RNA이다.

한 세대에서 다음 세대로 전달하는 일을 하는 가장 중요한 분자다. 크릭은 이런 중요한 기능을 수행하기 위해 필요한 모든 정보가 유전자 DNA의 염기 서열에 담겨 있다고 보았다. 바로 DNA 자체의 염기 서열이 단백질 아미노산의 서열로 구체화한다는 것이다. 즉 유전자가 단백질의 아미노산 서열로 전환되는 것은 유전자가 갖는 염기 서열에 의해서만 가능하다는 것이 서열가설의 주요 내용이다.

또 하나의 가설인 중심원리가 이야기하는 바는 이렇다. DNA 염기상의 정보는 일단 단백질로 전달되고 나면 전달경로를 거슬러 다시 DNA로 돌아올 수는 없다는 것이다. 유전정보는 DNA에서 RNA로 또는 RNA에서 단백질로 전달될 수 있지만, 단백질에서 RNA로, 또는 RNA에서 DNA로 전달될 수는 없다. 세포핵에서 DNA가 지닌 정보의 전달은 단백질로의 일방통행이라고 주장한 크릭의 중심원리는 유전자의 특이성을 뒷받침하기에 충분했다. 왜냐하면 이는 유전자에서 유래된 형질이 아니라 생물이 살아가면서 획득한 형질의 경우 자손에게 물려줄 수 없는 이유

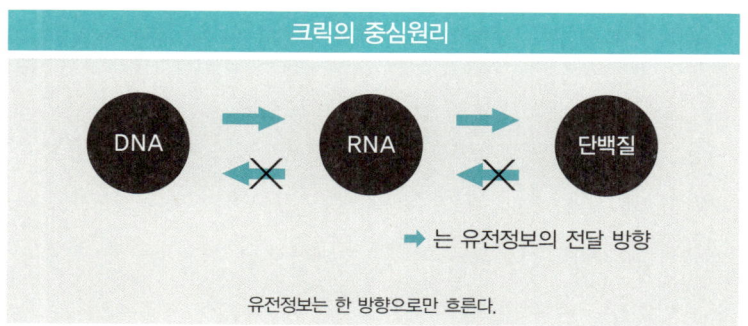

크릭의 중심원리

➡ 는 유전정보의 전달 방향

유전정보는 한 방향으로만 흐른다.

크릭의 중심원리의 완성

복제 DNA → transcription 전사 → mRNA → translation 해독(번역) tRNA-아미노산 → 단백질
핵

DNA 정보가 단백질 합성에 이르기까지의 과정

에 대한 명쾌한 설명을 제공하기 때문이다. 단백질에서부터 DNA로는 정보전달이 이루어지지 않기 때문에, 어버이의 신체가 살아가는 기간에 어떠한 변화를 겪었다 하더라도 그것이 자손에게 전달될 도리가 없는 것이다.

예를 들어 끊임없이 사용한 결과 오른손잡이 투수의 오른팔이 왼쪽보다 조금 더 길어졌다 하더라도 그 자손대에서는 양쪽 팔의 길이가 똑같다. DNA에서 단백질로 정보전달하는 경로를 밝혀내기 위해서는 아직도 매우 복잡한 과제가 남아 있었지만, 크릭의 서열가설과 중심원리는 오늘날의 분자생물학과 유전학에 있어 기본 원리가 되었다.

1958년은 뜻 깊은 해였다. 1953년에 왓슨과 크릭이 DNA 분자의 복제력을 통한 유전 메커니즘에 대해 제시한 가설이 마침내 실험적으로 증명된 것이다. 왓슨과 크릭이 DNA의 구조를 밝혀내면서 DNA가 반보존적으로 복제될 것이라고 주장한 것은 어디까지나 이중나선의 대칭형 구조에서부터 직관적으로 유추한 결론이었다. 매슈 메젤슨 Matthew Meselson, 1930~과 프랭클린 스탈

Franklin Stahl, 1929~은 대장균의 DNA를 사용해 DNA 이중나선의 두 가닥이 분리되어 2개의 복제 가닥의 합성을 위한 주형 역할을 하는 것을 실제로 보여주었다. 그 결과 원래의 가닥과 새로운 가닥이 합해진 복제 나선 2개가 만들어졌다. 이 현상을 바로 DNA의 반보존적 복제라고 부른다.

1960년에 접어들어 분자생물학의 토대는 더욱 탄탄해져갔다. 1961년 시드니 브레너Sydney Brenner, 1927~, 프랑수아 자코브François Jacob, 1920~, 메젤슨, 왓슨과 길버트Walter Gilbert, 1932~가 독자적으로 mRNA를 발견함으로써, DNA에 담겨 있는 유전암호가 단백질이 합성되는 장소인 세포질로 옮겨가는 과정에 얽힌 수수께끼가 해결된 것이다. mRNA는 세포핵에서 전사transcription에 의해 만들어진 한 가닥의 DNA 주형으로, 세포핵에서 빠져나와 인근의 세포질로 옮겨져 리보솜ribosome이라는 단백질 합성 장소에서 결합된다. 이름 그대로 DNA에서부터 유전정보를 운반해주는 전령 역할을 하는 것이다.

또한 중심원리가 사실로 판명되면서 DNA가 RNA를 거쳐 단백질을 만드는 과정 역시 구체적으로 드러나기 시작했다. 이에 이러한 정보전달 사슬의 최종 끝자리에 위치하는 단백질은 DNA로부터 어떤 정보를 받아서 만들어지는지에 관한 문제, 이른바 유전암호의 문제에 대한 탐색이 이루어지기 시작했다. 단백질의 기본 단위가 되는 아미노산은 모두 20개가 알려져 있으나 DNA를 이루는 염기는 모두 A, G, C, T 4개밖에 존재하지 않는다. 이 네 가지 염기가 어떠한 방법으로 20가지 아미노산을 합성할 수

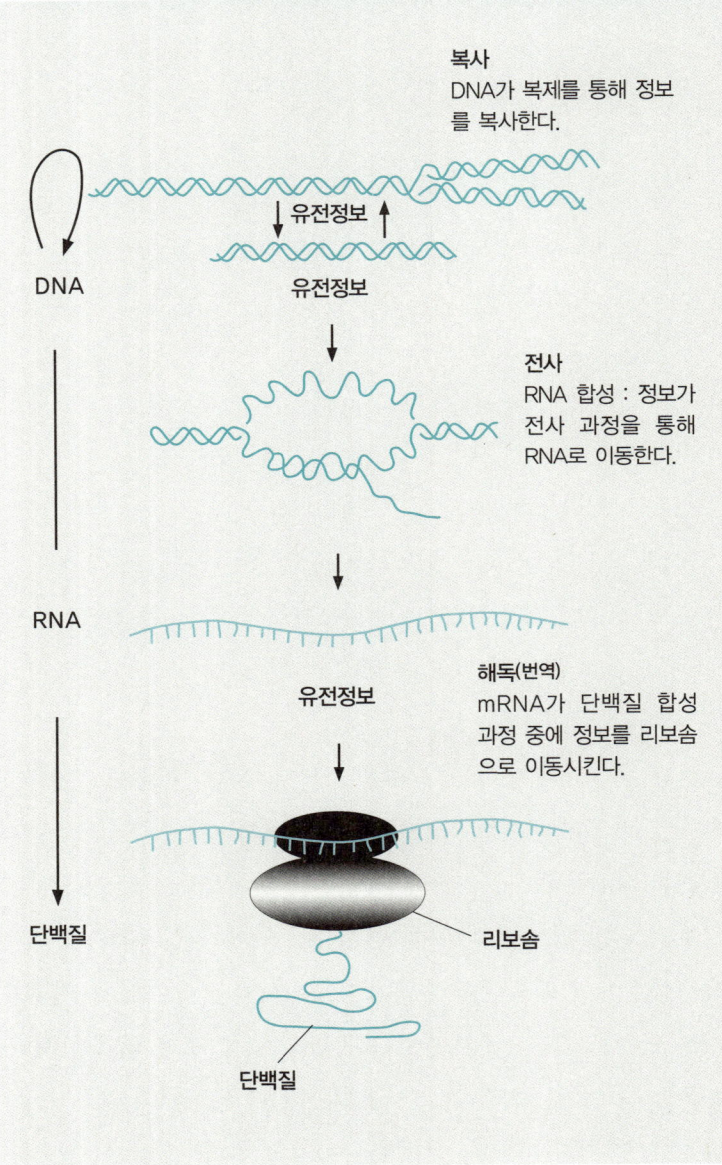

있는가가 바로 문제의 핵심이었다.

　이에 크릭은 브레너와 함께 유전암호의 작동 기제를 제시했다. 즉 DNA 염기 서열이 단백질을 합성할 때 아미노산의 서열을 결정하는 유전자 암호 역할을 한다고 주장한 것이다. DNA를 전사하는 mRNA의 3염기 조합, 예를 들어 DNA의 C, A, T와 같이 3개의 염기로 구성된 것을 코돈^{codon}이라 하는데, 이는 최종적으로 한 가지 아미노산을 결정하게 된다.

　이러한 체계에 따르면 DNA의 일직선 염기 배열을 3개씩 나누어 읽으면 그것이 바로 단백질의 아미노산 배열을 결정하게 된다. 올바르게 해독^{translation}하기 위해서는 어떤 특정한 위치에서 해독이 시작되고 3개씩 읽혀야 한다. 말하자면 코돈은 mRNA의 유전암호의 단위에 해당한다. 크릭과 브레너는 64개의 코돈이 자연계에 존재하는 20개의 아미노산을 암호화하고 있음을 밝혀냈다. 이제 정보의 분자로서 유전자에 대한 연구가 본궤도에 오른 것이다.

베일을 벗는 DNA의 본질

DNA가 분자적 산물들에게 전달하는 유전암호의 비밀이 밝혀져 감에 따라 1960년대 후반에는 DNA에서부터 유래하는 유전정보의 개념이 사람들의 머릿속에 확고하게 뿌리내리게 되었다. 즉 단백질 합성은 DNA 염기 서열의 암호화된 정보가 mRNA 등을 거쳐 단백질의 아미노산 서열로 번역됨으로써 발생한다는 것이 의심의 여지가 없는 것으로 널리 받아들여졌다. 그러나 1970년대에 분자생물학자들에 의한 일련의 발견은 DNA 염기 서열과 그에 따른 단백질 합성 과정에 관한 좀더 심층적인 탐구를 가능하게 했다. 이에 따라 유전정보의 원천인 DNA와 그 분자적 산물인 단백질 사이의 관계가 지니는 단순하고 명확한 일치성 colinearity의 개념 역시 수정되었다.

예를 들어 중첩유전자 overlapping gene라는 것은 두 개의 아미노산 사슬이 동일한 DNA 단편으로부터 비롯되는 것을 말한다. 또한 분할유전자 split gene는 유전자와 단백질의 일치성과는 대조적으로 DNA 단편이 엑손 exon*과 인트론 intron*으로 구분되는 것을 의미한다. 엑손은 DNA의 대부분을 차지하면서도 단백질 생성에는 기여하지 못해 '쓰레기 DNA junk DNA'로도 알려진 인트론에 의해 분리되어 존재한다. 즉 DNA는 엑손→인트론→엑손→인트론의 교대 구조로 이루어져 있다.

그러나 심지어 이러한 엑손과 인트론의 구별조차 교대성 접합절단 alternate splicing의 발견으로 더욱 어려운 일이 되었다. DNA를 주형으로 해 합성된 '미성숙 mRNA immature mRNA'는 엑손과 인트론을 모두 포함하는데, 인트론을 제거하고 엑손만을 모으는 과정을 접합절단이라고

○ 엑손
진핵세포의 DNA 가운데 단백질을 생성시키는 유전정보를 지닌 부분.

○ 인트론
진핵세포의 DNA 가운데 단백질 생성과는 전혀 무관한, 유전 정보를 가지지 않은 부분. 보통 원핵생물의 유전자에는 인트론이 없다.

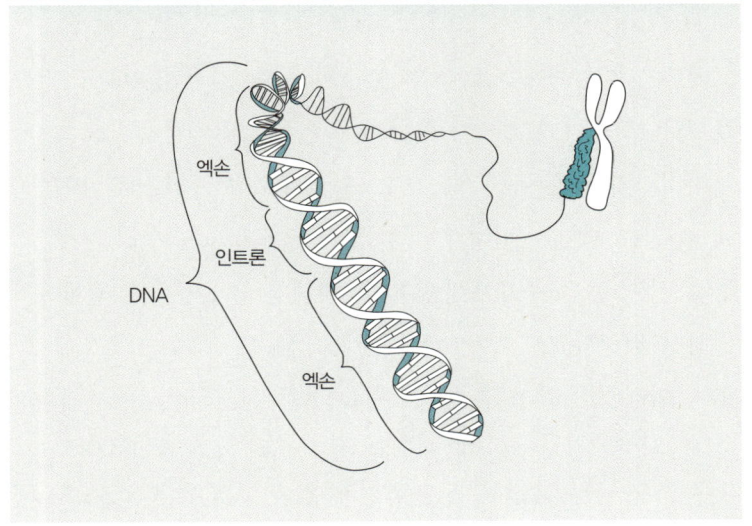

DNA를 교대로 이루고 있는 엑손, 인트론

한다. 여기서 엑손들이 접합되는 방식에 따라 다양한 분자적 산물이 생성된다. 교대성 접합절단이란 접합절단 과정이 일정한 장소 이외의 곳에서 일어나는 것이다. 경우에 따라서는 이러한 방법으로 기능이 다른 단백질이 만들어지기도 한다.

그러나 무엇보다도 분자생물학자들에게 유전자의 본질에 대한 생각을 재조명할 수 있는 기회를 제공한 것은 역전사$^{reverse\ transcription}$ 반응이다. 이것은 이른바 중심원리에 대한 위반으로 일컬어지기에 그 의미는 더욱 컸다. 생물의 유전정보가 보통 DNA에서 RNA를 통해 단백질의 형태로 표현될 때, 유전정보의 복제는 DNA 수준에서 일어난다는 사실은 앞에서 밝혔다. 역전사는

DNA로부터 RNA가 합성되는 전사와는 반대로 RNA를 주형으로 해 DNA가 만들어지는 과정을 말한다.

대부분의 생물에는 DNA와 RNA가 모두 있지만, 바이러스는 둘 가운데 하나만 가지며 RNA가 유전물질로 작용하기도 한다. 바이러스의 경우 유전정보가 RNA 형태로 보존되는데, 1971년에 하워드 테민 Howard Temin, 1934~1994과 데이비드 볼티모어 David Baltimore, 1938~는 숙주세포에서 RNA 형태의 유전정보를 복제하기 위하여 역전사효소 reverse transcriptase라고 불리는 특수한 효소를 통해 바이러스의 RNA 유전정보가 DNA로 전환되어 복제와 증식을 일으킨다는 사실을 발견했다. 예를 들어 폐렴과 에이즈 같은 경우 감염 후 RNA에 유전정보가 남아 있는 일부 바이러스가 숙주 DNA에 복제될 수 있음을 의미했다. 바이러스에 역전사효소 활성이 있음을 발견한 테민과 볼티모어는 이 업적으로 1975년 노벨 생리·의학상을 수상했다.

이는 DNA가 RNA의 주형으로 정보의 흐름을 제시한다는 크릭의 주장에 또 하나의 새로운 발견이 더해진 것이다. DNA→RNA→단백질로 이어지는 유전정보의 흐름을 명시한 크릭의 중심원리에 대해, RNA→DNA라는 역방향의 흐름을 나타낸 예외적인 사례로 과학자들의 많은 관심을 불러 일으켰다.

DNA를 응용하라

1970년대에 들어 분자생물학자들은 유전물질을 조작할 수 있는 다양한 기술을 개발했다. 그 대표적인 것이 유전자 재조합 기술이다. 이는 1973년 미국 스탠퍼드 대학의 스탠리 코언 Stanley N. Cohen, 1935~과 캘리포니아 대학의 허버트 보이어 Herbert Boyer, 1936~가 개발했다. 코언과 보이어는 한 생명체의 DNA를 잘라 다른 생명체의 DNA에 붙일 수 있는 제한효소 restriction enzyme*를 사용해 항생물질에 내성이 있는 DNA를 실험실에서 배양된 대장균에 삽입하는 데 성공했다. 이것은 한마디로 DNA끼리의 결합을 통해 생물이 지닌 종種의 차이라는 두꺼운 장벽을 뛰어넘는 어마어마한 기술로, 생명공학 산업의 신기원을 연 것이다.

1978년 보이어는 최초로 재조합 DNA 기술을 이용한 의약품인 인간 인슐린(1982년 시판)을 대장균에서 생산하게 되었다. 오늘날에는 박테리아에서 분리된 3,000개 이상의 제한효소가 바이러스의 DNA를 자르는 데 사용되고 있다.

1980년대에도 DNA의 의학적·산업적 응용 가능성을 지닌 분자생물학의 기초 다지기는 계속되었다. 1980년 생어, 폴 버그 Paul Berg, 1926~, 길버트는 핵산의 염기 서열을 결정하는 방법을 개발한 공로로 노벨 화

◇ **제한효소**

유전공학에서 재조합 DNA를 만들기 위해 사용하는 특수 효소로, DNA의 특정 염기 배열을 식별해 이중나선의 사슬을 절단하는 핵산 분해 효소다. 특히 외부 숙주에서 침입한 DNA와 자신의 본래 DNA를 식별해 침입 DNA를 분해하는 작용을 한다.

학상을 수상했다. 특히 생어는 인슐린의 구조를 밝힌 공로로 1958년 상을 받는 데 이어 노벨 화학상을 두 번이나 수상하는 영예를 누렸다. 염기 서열의 결정은 생명체 내의 유전정보를 완전하게 해독하기 위한 첫걸음이다. 얼마 전 완료된 인간게놈프로젝트 역시 여기에 바탕을 둔 것이다. 예를 들어 특정 질병을 유발하는 유전자라든가 유해한 기능을 발휘할 단백질을 만들어내는 염기 서열을 찾아내 미리 치료할 수 있을 것이다.

버그는 이미 새로운 DNA 조작 기술의 개발과 관련이 있었다. 1972년 그는 DNA를 원하는 곳에서 절단해 바이러스나 플라스미드plasmid의 DNA에 연결하는 방법을 개발했다. 이렇게 재조합된 DNA 분자를 세균이나 동물 세포에 넣어주면 이들은 숙주의 DNA 속으로 끼어들어가 이전에는 볼 수 없었던 새로운 단백질을 합성했다.

1980년대는 여성 유전학자의 약진이 돋보였던 시기였다. 1983년 옥수수 유전학자 바버라 매클린톡Barbara McClintock, 1902~1992은 점핑유전자jumping gene의 발견으로 노벨상을 수상했다. 이른바 트랜스포존transposon으로 알려진 점핑유전자는 염색체를 넘나들어 이동할 수 있다는 것이다. 이는 박테리아부터 인간에 이르기까지 수많은 생명체에서 흔히 발견할 수 있는 현상으로, 유전자에 따라 나타나는 형질을 변화시키기도 한다.

그러나 1980년대 분자생물학, 아니 더 직접적으로 유전공학 최대의

○ 플라스미드
세균의 세포 내에 염색체와는 별개로 존재하면서 독자적으로 증식할 수 있는 유전인자. 고리 모양의 DNA 분자다.

성과는 중합효소연쇄반응 polymerase chain reaction, PCR 의 발명이다. 캘리포니아 시터스 Cetus 사의 캐리 멀리스 Kary Mullis, 1944~ 가 발명한 이 기법은 특정 DNA 분자의 단편을 특이적으로 반복 합성해 원하는 DNA 분자를 정해진 시간 안에 수만 배까지 증폭시킬 수 있는 것이었다. 아주 적은 양의 DNA를 사용해 많은 양의 DNA 합성이 가능하므로 분자생물학적으로 제한효소의 발견만큼 획기적인 것이라고 할 수 있다. 처음으로 PCR 응용의 대상이 된 것은 무엇일까? 그것은 바로 헤모글로빈 이상으로 생기는 유전병인 '겸상적혈구성 빈혈'을 일으키는 돌연변이 진단이었다. 이제 PCR 기술은 분자생물학, 진단과 예측의 여러 방면에 걸쳐 널리 쓰이고 있다. PCR을 개발한 공로로 멀리스는 DNA 돌연변이 유발법을 개발한 마이클 스미스 Michael Smith, 1932~2000 와 공동으로 1993년 노벨 화학상을 수상했다. 멀리스가 소속된 시터스 사는 PCR의 특허권을 판매해 3억 달러의 수익을 거두게 되었다.

―――――――――――――― 만남7 ――――――――――――――

두 영웅의
끊임없는 여정

왓슨, 암과 전쟁을 벌이다

이중나선을 발견한 뒤 왓슨은 영국을 떠나 미국으로 돌아왔다. 그는 캘텍에 잠시 머무른 다음 1956년에 하버드 대학 생물학 교수로 부임했다. 1962년 노벨상 수상은 생물학자로서 그의 삶에 세계적인 명성을 안겨주었다. 그의 저서 《유전자의 분자생물학 The Molecular Biology of the Gene》(1965)은 분자생물학도의 필수 교과서가 되었다. 그의 자서전 격인 또 하나의 저서 《이중나선》은 DNA 구조 발견을 둘러싼 과학자 집단의 기쁨, 경쟁, 질투와 에고 등이 생생이 녹아 있는 휴먼 스토리로 베스트셀러가 되었다. 국내외에서 우수 과학기술인으로 선정되는 등 대발견에 따른 영예는 그를 명실공히 세계적인 생물학자의 반열에 올려놓았다.

그러나 정작 하버드에서 왓슨은 순조롭게 적응하지 못했다.

그는 하버드에서의 교수 생활 대신에 뉴욕주 롱아일랜드 북부 해변에 위치한 콜드 스프링 하버 연구소를 이끌어나가는 연구관리자 일에 매력을 느꼈다. 19세기 말에 생물학자들의 여름철 휴양을 겸한 실험연구소 용도로 세워진 콜드 스프링 하버 연구소는 특히 멘델 유전학의 수용에 앞장서면서 미국 유전학의 발전에 기여하기 시작했다.

1940년대에는 파지유전학자들의 요람 역할을 톡톡히 수행하기도 했지만, 1960년대에 들어서는 그 규모와 비전에서 쇠퇴한 모습을 드러내기도 했다. 과거 이곳을 본거지로 삼았던 파지그룹의 한 사람이기도 한 왓슨은 일찍부터 콜드 스프링 하버 연구소의 청사진을 그려나가고 있었다. 시간제로 하버드와 콜드 스프링 하버를 오가며 근무하던 왓슨은 1968년 끝내 하버드의 교수직을 정리하고 콜드 스프링 하버의 연구소장직에 전념했다. 소장으로서 그의 청사진은 연구소를 세계적 분자생물학 연구센터로 거듭나게 하는 것이었다. 왓슨은 분자생물학 혁명의 목적이 우리 삶의 질을 향상시키는 데 있다고 보았다. 그는 유전자 치료와 암 정복에 대한 도전을 연구소의 모토로 삼았다.

1911년에 미국의 프랜시스 라우스$^{Francis\ Rous,\ 1879~1970}$가 후대에 라우스육종바이러스$^{Rous\ sarcoma\ virus}$라 불리는 발암 바이러스를 발견해 1966년에 노벨 생리·의학상을 수상하는 등, 암의 원인 규명과 정복에 대한 관심과 경쟁이 일었다. 왓슨은 연구소의 새로운 일을 바로 분자생물학과 유전학의 측면에서의 암 연구에서 찾았다. 연구소장으로서 그의 궁극적인 목표는 콜드 스프링 하버 연구소를 세계 최고의 암 연구센터로 키워내는 것이었다.

1971년 12월 닉슨 Richard Nixon, 재임 1969~1974 미국 대통령은 국가암 퇴치법을 통과시켜 역사상 최대의 암 정복 운동을 벌였다. 법안의 요지는 연방정부가 국립암연구소를 통해 암 정복의 기초 연구에 엄청난 규모의 연구기금을 10여 년에 걸쳐 지원한다는 것이었다.

그동안 생명 메커니즘을 이해하기 위한 DNA 연구가 꾸준히 이루어져온 결과, 1960년대 말에는 분자유전학, 바이러스학, 동물세포 배양 기술 등이 고등동물세포 내에서의 생화학적 연구를 혁명적으로 변모시켰다.

예를 들어 포유류와 인간의 세포를 마치 박테리아의 경우처럼 배양접시에서 성장시킬 수 있는 획기적인 방법론이 개발되었다. 또한 종양바이러스로 알려진 일부 동물바이러스는 배양세포를 암세포로 변화시키는 기능이 있음이 보고되었다. 이러한 노하우를 응용해 세균배양용 샬레 Schale 에서 암세포를 키워 악성종양의 기원과 진행에 대한 통제된 실험을 수행하는 것이 가능해졌다. 이로부터 실험실에서의 암 연구는 새로운 호기를 맞게 되었다.

1958년 이후 콜드 스프링 하버 연구소는 동물세포와 그 바이러스를 배양하는 새로운 기법을 소개할 수 있는 여름학술프로그램의 개발에 주력했다. 또한 이전의 파지생물학자들에게는 암 기초 연구에 전념하게 함으로써 종양바이러스 모델의 개발에만 마음을 쓰게 했다. 박테리오파지가 박테리아세포의 유전학을 증명하는 수단을 제공했듯이, 이제 종양바이러스는 포유동물 세포에 비슷한 방법으로 접근할 수 있게 만들었다.

왓슨은 분자바이러스학이 암의 신비를 밝혀내는 핵심 열쇠라고 믿었다. 그는 규모도 작고 전망도 없어 보였던 이 연구소의 소장으로 부임하자마자 후원자를 찾아 나섰다. 1968년 미국 국립보건원 National Institutes of Health, NIH 의 지원하에 동물바이러스와 종양바이러스에 대한 과제 수행에 나섰다. 왓슨의 지도에 따라 연구소의 재원은 엄청나게 늘어났다. 과학 지도자로서 왓슨의 능력은 돋보였다. 특히 연구소가 나아갈 과학 어젠다 agenda 의 설정과 인물을 바라보는 통찰력이 두드러졌다.

왓슨은 콜드 스프링 하버를 최상의 암 연구소로 도약시키고자 했다. 암을 일으키는 바이러스는 DNA와 RNA 종양바이러스 두 가지로 분류되는데, DNA 종양바이러스는 세포를 암 변형시키는 서열, 즉 암유전자를 가지고 있어 세포나 동물에 감염되면 암을 발생시킬 수 있었다. 종양바이러스 연구프로그램을 구축하려 한 왓슨은 당시 널리 알려진 종양바이러스인 SV40 Simian vacuolating virus 40 DNA 연구로 유명한 젊은 바이러스학자 조지프 샘브룩 Joseph Sambrook, 1939~ 을 연구소로 초빙했다. 그리하여 샘브룩을 중심으로 종양바이러스 그룹이 연구소에 설치되었다.

1970년 의학계와 정치권의 관심에 힘입어 암 정복이라는 국가적 과제가 수면 위로 떠오르자, 콜드 스프링 하버는 이러한 준비 덕에 그 수혜자가 될 수 있었다. 1972년에는 5년 동안의 암 연구기금을 국립암연구소로부터 유치하면서 샘브룩은 최고 수준의 젊은 종양바이러스학자들을 연구소로 끌어들여 연구 역량을 한

층 강화했다.

콜드 스프링 하버의 연구자들은 1970년대에 선보인 제한효소 기술을 신속하게 채택했다. 또한 그들은 분자 수준의 DNA와 RNA 분석에 필요한 제한효소 사용 기술을 개발하는 데 주력했다. 그들은 강력한 새 분석도구인 에티듐 브로마이드 아가로오스 겔ethidium bromide agarose gel로 크기가 다른 DNA 분자를 분리할 수 있는 값싸고 신속한 방법을 개발했다.

이러한 기법은 제한효소에 의해 잘려진 바이러스 DNA의 단편을 분리하는 데 효과적인 방법임이 입증되었다. 이 기법은 또한 암세포 변형을 초래한 종양바이러스 DNA의 부위를 알아내고 이러한 변형유전자가 바이러스 염색체상에 존재하는 위치를 파악하는 데도 사용되었다. 배양세포에서 악성종양의 변화를 유도하는 유전자들을 종양유전자라고 부르는데, 콜드 스프링 하버 연구소는 바로 종양유전자에 의해 생성된 단백질을 정제하고 바이러스복제에서의 그 기능을 규명하는 데 초점을 맞추었다.

종양바이러스 그룹의 초기 연구는 바이러스 DNA가 단백질 합성을 위해 RNA 정보로 전사하는 메커니즘에서 성과를 거두었다. 1977년 연구소의 리처드 로버츠Richard Roberts, 1943~가 RNA 접합절단 또는 분할유전자를 발견한 것이다. 일반적으로 mRNA는 핵 안의 DNA로부터 유전정보를 읽어 단백질 합성이 일어나는 세포질에 유전정보를 전달한다. 정보를 전달하기 전 미성숙 mRNA는 불필요한 염기 서열인 인트론을 제거하고 유용한 염기인 엑손을 연결하는 과정인 접합절단을 거치게 된다. 콜드 스프링 하버의 실험과학자들은 MIT의 연구자들과 함께 RNA 정보는 단백질 합성 이전에 편집된다는 것을 보여주었다. 기능유전자 내에 띄엄띄엄 있는 것은 단백질 합성을 위해 잘려 나간 쓸데없는 DNA 염기였다.

1972년경 로버츠는 수많은 미생물로부터 새로운 제한효소를 정제하는 기술을 개발했다. 1980년경이 되어 세상에 알려진 제한효소의 절반 이상이 그의 실험실에서 분리되었다. 이러한 효소들이 DNA 재조합 관련 업체에 의해 상업적으로 활용될 기미가 보이자, 로버츠는 새롭게 발견된 효소를 무료로 전 세계 학계 연구자들에게 제공했다. 이를 계기로 콜드 스프링 하버는 종양 바이러스 연구자들을 위한 메카가 되었으며, 이 연구소의 소장으로서 암과의 전쟁에서 선봉에 선 왓슨은 다시 한 번 세상의 주목을 받게 되었다.

인간게놈프로젝트에의 참여

1970년대에 많은 분자생물학자들이 여러 영역으로 진출해나가면서 분자생물학은 '게놈genome 시대'를 맞이했다. 그동안의 연구 결과에 따르면 유전자들은 결코 고립되어 작동하지 않는다. 유전자끼리는 물론 세포 내 다른 요소들과도 상호작용을 하기에 게놈 내 복잡한 유전자 그림의 필요성이 제기되었다. 게놈이란 생물체를 구성하고 기능을 발휘하게 하는 모든 유전정보를 보유한 유전자의 집합체인 유전체이며, 부모에게서 자손에 전해지는 유전물질의 단위체를 뜻하기도 한다. 이때 게놈에서 유전정보는 DNA라는 분자 구조로 존재하며 네 가지 화학적 암호인 AGTC 의 염기 서열로 표기되어 있다. 염기의 수는 종마다 달라, 예를 들어 독감을 일으키는 세균 하이모필루스 인플루엔자이^{Haemophilus} ^{influenzae}는 게놈 안에 약 180만 개의 염기쌍을 가지고 있다. 그리고 인간$^{Homo\ sapiens\ sapiens}$은 게놈에 30억 개의 염기쌍을 가지고 있는 것이다.

유전체학이란 그와 같은 염기 데이터를 생성, 저장, 해석하는 새로운 실험계산 방법의 개발과 활용을 연구하는 분야를 말한다. 영국의 생어는 이 같은 유전체학의 시작을 알리는 데 중요한 역할을 했다. 그는 단백질 서열 판독법을 개발해 이를 1950년대 중반에 인슐린 단백질의 아미노산 서열을 밝히는 데 이용했다. 1962년에는 핵산의 서열 분석에 착수했으며 1970년대에는 서열 분석법을 향상시켰다. 생어의 서열 방법론에 부분적으로 영향을 받은 멀리스는 중합효소연쇄반응, 즉 DNA 샘플이 증폭되는 방법을 개발하였다. 하버드 대학에서는 앨런 맥섬$^{Allan\ Maxam}$과 길버트가 또 다른 염기 서열 분석법을 개발했는데, 이는 생어의 것보다 효율적이지 못했다.

1980년대 염기 서열 판독 기술의 개발이 이어지면서, 인간 유전체 염기 서열 분석을 위해 대규모 프로젝트를 구체화한 야심찬 계획이 산타크루스의 캘리포니아 대학 총장 로버트 신세이머$^{Robert\ Sinsheimer,\ 1920~}$에게서 나왔다. 이에 대해 처음에는 대다수 과학자들이 부정적인 반응을 보였다. 어떤 이는 유전체 전체보다는 의학적으로 중요한 특정 염색체만 탐색하는 것이 효율적이라고 주장했다.

다른 이는 인간 유전체의 약 90%는 유전자암호를 가지고 있지 않기 때문에(정크 DNA) 염기 서열의 완전한 분석이 가져다줄 혜택이 크지 않다며 연구의 효용성에 회의를 표하기도 했다. 특히 좀더 거시적인 관점에서의 주장은 거대과학형 연구 자체의 불필요성을 들기도 했다. 23쌍의 염색체에 있는 30억 개 염기쌍의 DNA문자를 분석하기 위해 약 30억 달러의 막대한 비용을 쏟아붓는 초거대 프로젝트를 추진하는 일은 연구 자원의 독점을 가져와 여타 생물학 분야에서 연구 역량의 잠식을 초래할 위험이 있다는 것이었다.

이러한 반대가 있었지만 인간 유전체 연구를 위한 강한 추진력은 미국 에너지부Department of Energy, DOE에서부터 나왔다. 에너지부가 중심이 되어 추진한 이유는 히로시마와 나가사키의 원자탄 투하에서 살아남은 사람들과 그 후손들의 유전적 손상에 대한 지원 때문이었다. 1986년 에너지부는 방사선 때문에 생긴 돌연변이와 인간 유전체 전체 서열의 대조 작업의 하나로 인간 유전체 서열 분석화를 위한 프로젝트를 시도했다. 아울러 NIH 역시 인간게놈 연구에 뛰어들어 1988년, 두 기관은 '인간게놈 연구 및 기술개발 협력'이라는 양해각서를 체결하고 공동으로 인간게놈 프로젝트(HGP)를 추진하기 시작했다.

바로 1988년, 이제 60세의 연륜과 경험이 있는 왓슨은 NIH 산하 인간게놈 연구 기획에 합류했고, 그 이듬해에는 인간게놈연구센터의 초대 소장에 임명되었다. 1990년 8월에는 NIH와 DOE 공동으로 HGP가 시작되었다. 미국 연방정부가 산하 기관을 통해 지원하는 이 프로젝트는 인간으로서의 기능을 발휘하게 하는 청사진인 모든 유전정보를 완전히 해독한다는 것이다. 인간 유전체의 염기 서열 전부를 해독하고, 아울러 게놈지도를 가능한 한 정확하게 작성하는 일에도 초점을 맞추는 것이었다. 게놈지도는 유전자 지도와 물리지도로 분류해 연구되었다.

유전자 지도genetic map 란 염색체 위에 유전 표지판들이 어떤 순서로 놓여 있는지, 즉 각 표지의 상대적인 위치를 파악하는 것이다. 물리지도physical map 는 염색체상에 놓여 있는 유전표지판의 절대적인 위치를 파악하는 것이다. 구체적으로 말하면, 유전자 지도에는 2번 유전자가 1번과 3번 유전자 사이에 놓여 있다는 것만 표시된다. 반면에 물리지도에는 2번 유전자가 1번 유전자로부터 염기쌍 1만 개, 3번 유전자로부터 염기쌍 2만 개만큼 떨어져 있다고 표시된다. 즉, 유전자 지도 작성은 유전체의 기본 구조를 밝혀내는 것이고, 물리지도 작성은 어느 서열이 정확히 염색체의 어디에 있는지 밝혀내는 것이라고 할 수 있다.

이렇게 염색체에서 각 서열이 있는 정확한 위치를 알면 그것을 기준으로 삼아 다른 서열이 있는 위치도 찾아낼 수 있다. 인간게놈 분석은 2005년도 완성을 목표로 약 15년 동안 연간 2억 달러 정도의 비용이 들 것이라고 예상되었다.

HGP에서 왓슨의 역할과 관련해 주목할 것이 있다. 그가 이 프로젝트에 내재한 잠재적 분란에 대한 제도적인 대비책을 마련한 것이다. 그는 HGP 예산의 일부를 이 프로젝트가 일으킬 수 있는 과학적·윤리적 문제에 대한 연구에 투입하도록 주도했다.

> 우리는 과거 우생학이 잘못 사용된 예를 잘 살펴보아야 한다. 바로 미국과 독일에서 불완전한 지식이 오만하고 끔찍한 방식으로 사용되었다. 우리는 사람들에게 자신의 DNA가 개인적인 것이며 아무도 그것을 손에 넣을 수 없다는 점을 확신시켜야 한다.

왓슨의 선언에 힘입어 HGP가 본격화된 1990년부터 게놈연구의 윤리적·법적·사회적 의미를 연구하는 프로젝트 '윤리·법·사회적 함의 ethical, legal, social implication, ELSI'에 연간 예산의 5%가 투입되었다. HGP에서의 ELSI 연구는 HGP로부터 예상되는 문제점 도출과 그에 대한 실제적인 제도적 대안 마련, 교육 프로그램의 개발 등 다양한 활동을 폈으며, 이후 ELSI 연구는 생명공학 프로젝트 등에서 필수적인 세부 과제로 점차 자리잡게 되었다.

또한 왓슨이 이끄는 HGP는 양적으로도 상당한 지원을 확보할 수 있었다. 한 의학잡지는 이렇게 적었다.

> 왓슨의 매력은 과학적으로 무지한 의원들을 충동하고 현혹하는 데 더없이 중요한 마법의 요소를 가지고 있다. 이 저명한 《이중나선》의 저자는 그들의 마음을 쉽게 사로잡았다.

안타깝게도 1992년 HGP가 본궤도에 오르기 시작할 무렵 왓슨은 NIH의 소장으로 부임한 버너딘 힐리$^{Bernadine\ Healey,\ 1944~}$와 충돌을 빚으면서 HGP 일선에서 물러났다. 두 사람의 분쟁 원인은 DNA의 특허 문제 때문이었다. 왓슨은, NIH의 연구자들이 분석한 수천 건의 DNA 서열을 가지고 정부 특허 취득에 나서겠다고 한 힐리의 결정을 비판하고 나섰다. 힐리는 유전체 덩어리에 특허권을 얹어 상업적 가능성을 얻어 정부의 이익을 보호하고자 했다. 하지만 왓슨은 불확실한 유전자에 특허를 내줄 경우 장기적으로 유전자를 이용한 의학 연구와 발전은 끔찍하리만큼 지체될 것이라고 보았다. 특허 문제에 대한 공개논쟁이 종료되면서 왓슨은 HGP를 떠났다.

1992년을 기점으로 HGP는 국제적인 양상을 띠게 되었다. 프로젝트를 미국이 주도하고 분석 작업 역시 절반 이상이 미국에서 이루어졌지만, 영국·프랑스·독일·일본을 비롯한 쟁쟁한 국가들이 이 프로젝트에 추가로 동참했다. HGP는 전 세계 18개국의 연구진이 참여하는 국제 컨소시엄으로 발전했다. 예를 들어 인간 이외에도 세균에서 꼬마선충에 이르기까지 몇 가지 생물의 염기 서열 분석이 완료되는 등 그 범위와 속도를 더하게 되었다.

무엇보다도 HGP 연구 성과에 탄력을 준 일은 1998년 미국의 민간 생명공학회사인 셀레라 지노믹스$^{Celera\ Genomics}$ 사가 인간 유전체 연구에 뛰어들면서 HGP와 경쟁구도를 형성하게 된 것이다. 이에 유전자 해독 작업은 급류를 타기 시작하여 2005년까지

끝내기로 한 것을 2003년으로 앞당겨 끝냈다. 2000년 6월에는 HGP 컨소시엄과 셀레라 지노믹스 사가 공동으로 인간게놈지도 초안을 완성하여 발표했다. 마침내 수정된 목표보다 2년여가 더 빠른 2001년 2월에 이 두 조직은 전체 인간게놈지도를 완성했다고 공식적으로 발표했다. 이에 따라 생명현상에 대한 좀더 확실한 접근이 가능해지고, 인류가 시달려왔던 많은 유전병 치료와 의약용으로 쓰일 각종 생체물질의 연구와 생산이 가능하게 됐다.

인간게놈지도가 완성됨으로써 암과 심장병 같은 복잡한 유전병에 대해 얻게 될 생물학적 통찰력은 물론 의학적 혜택 또한 엄청나다. 이는 각종 인간 질병의 예방과 치료 등 의학 분야에 혁명을 가져올 것이다. 또한 인간의 생명현상을 이해하는 기초가 될 위대한 업적으로 평가된다. 이로써 의학과 건강, 인류의 복지에서 혁명적 진전이 가능할 것이다. 이미 반세기 전 DNA 이중나선 구조의 발견으로 생명현상의 신비를 규명하는 데 가장 강력한 불씨를 지핀 주인공의 하나인 왓슨은, 약 반세기가 지난 지금, 다시 인류복리를 위한 응용을 목적으로 HGP라는 거대한 도전에도 뛰어들었다. 아직 HGP가 완료된 지 몇 년이 채 지나지 않은 지금, 그에 대한 역사적 평가도 완료되지 않아 HGP에서의 왓슨의 기여도와 무게에 대한 판단 역시 성급한 일이라 하겠다. 그러나 20세기 최대의 진보이자 인류의 생활과 정체성을 송두리째 바꾸어놓은 대혁명의 50년 여정을 처음과 끝을 향해 장식한 인물이라는 점에서, 왓슨을 역사상 그 누구보다도 우리의 관심과 열렬한 헌사를 받을 자격이 있는 영웅의 하나로 부르는 데 부족함이 없을 것이다.

크릭의 변신

영화 〈매트릭스The Matrix〉(1999)에서 주인공 네오의 동료이자 정신적 스승인 모피어스Morpheus가 남긴 다음과 같은 소름 끼치는 말은 이 영화를 대표하는 명대사로 사람들의 입에 오르내리고 있다.

> 진실이 무엇을 말하는 거지? 어떻게 진실을 구분하는 건가? 만약 네가 말하는 진실이 너의 감각, 그러니까 네가 느끼고 맛보고 냄새 맡는 것을 말하는 것이라면, 그것은 단지 뇌에서부터 해석되는 전기신호일 뿐이야.

아마도 모피어스는, 아니 감독 워쇼스키Wachowski 형제는 크릭의 어록에 대해서 알고 있었는지도 모른다.

> 여러분, 당신의 즐거움, 슬픔, 소중한 기억, 포부, 자신의 개성에 대한 인식, 자유의지, 이 모든 것은 실제로 신경세포의 거대한 집합 또는 그 신경세포들과 연관된 분자들의 작용에 지나지 않는 것입니다.

이 도발적인 선언은 바로 크릭이 그의 저서 《놀라운 가설The

Astonishing Hypothesis》(1994)의 첫머리를 장식한 말이다. 그는 '영혼에 관한 과학적 탐구 The Scientific Search for the Soul'를 부제목으로 한 이 책에서 신경과학의 관점에서 의식에 관해 더할 수 없을 정도로 유물론적인 관점을 보여주었다. 그에 따르면 의식이라는 것은 인지 시스템 사이의 연결에 절대적으로 의존하며, 이들 사이에 일어나는 전기신호의 주고받음을 통해 형성된다. 크릭의 《놀라운 가설》은 정말로 그의 '놀라운 변신'을 보여주고 있다. 이는 크릭이 분자생물학 분야에서 30여 년 동안의 긴 여정을 마치고 60세에 이르러서 신경과학자로 거듭난 말기 행보를 대표하는 것이다. 심지어 또 다른 저서에서는 지구 생명체의 외계도래설 같은 파격적인 주장을 전개하기도 했다. 도대체 그동안 크릭에게 무슨 일이 일어났던 것일까?

크릭은 DNA 이중나선 구조를 발견한 공적으로 노벨상 수상이라는 영예를 얻었지만 대학에서 교수직을 얻지는 못했다. 제도권 학계로 진입하는 데 실패한 크릭은 이후로도 케임브리지에 머물렀다. 그곳에서 크릭은 미국으로 돌아간 왓슨과 지적 교류를 유지하면서 분자생물학의 기초 작업에 박차를 가했다. tRNA의 발견, 염기가설과 중심원리는 크릭이 분자생물학의 기초에 기여한 이론적 성과였다. 마침내 1976년 크릭은 미국 캘리포니아에 위치한 민간 연구기관인 소크 연구소 Salk Institute에 정착하게 되었다. 그곳에서 크릭은 연구소의 연구자문으로 활동하는 것은 물론 자신이 직접 과학 연구의 열정을 불살랐다. 소크 연구소에 정착한 일은 그에게 새롭고 중요한 계기가 되었다.

물리학자이면서 유전자와 유전현상의 본질 연구에 뛰어든 것에서 보듯, 크릭이 오래전부터 추구해온 관심 영역은 생물과 무생물의 경계에 위치한 현상의 탐구에 있었다. 그가 DNA 이중나선 구조의 발견을 위시해 분자생물학 분야에서 보여준 눈부신 업적 역시 이러한 맥락에 속하는 것이다. 생명체와 비생명체를 구분하지 않는 보편적인 물리적 법칙을 가지고 생명체의 신비를 탐구한다는 측면에서, 신경생물학을 도구 삼아 의식에 대한 통합된 이론의 탐구에 뛰어든 그의 말년 행보는 결코 생뚱맞은 시도는 아니었다. 일찍이 DNA 연구에서도 그러했듯이 크릭은 생명현상의 발현이 비물질적인 생명력이나 자연법칙으로는 파악할 수 없는 원리에 의해 지배되고 있다는 시각은 철저히 거부했다.

그가 1981년에 지은 《생명 그 자체 Life Itself》에서 크릭은 지구상의 생명이 태양계 외부에서 포자에 의해 운반되어온 미생물에서 기원한다는 이른바 '포자설 directed panspermia'이라는 생명기원론을 펴기도 했다. 그 주장이 학문적으로 신빙성이 있는지의 여부에 대해 이야기하는 것은 초점에서 벗어나는 일이므로 생략한다. 그러나 적어도 크릭이 생명의 기원을 풀어내는 데 생물학과 분자생물학뿐 아니라 우주론과 천문학의 수렴을 시도한 것만은 사실이다. 이는 마치 그가 오래전에 유전자의 비밀을 캐낼 때 그 자신과 왓슨으로 대변되는 서로 다른 분야의 융합으로 대발견을 이루었던 값진 경험과도 무관하지 않을 것이다.

생명의 존재론적 현상과 관련된 그의 다양한 시도는 언뜻 보면 서로 연관성마저 없어 보일 수도 있다. 그러나 이들은 모두 전통적인 생물학 연구 영역의 울타리를 깨고 유물론적·무생물적인 보편원리로 생명에 대해 새로운 규명을 추구했다는 공통점이 있다. 그런 의미에서 지극히 일관성 있고 크릭다운 시도들이었다. 그런 그가 마지막으로 도전한 것이 바로 신경생물학의 영역이다. 신경생물학 세계에서 그의 과학적 상상력은 의식과 마음의 세계를 그려내는 데 집중했다. 분자생물학과 유전학의 유전자 세계에 머물러 있던 그의 눈과 마음은 신경생물학의 신경세포로 옮겨가고 있었다.

크릭이 신경생물학에 초점을 맞추기 시작한 것은 1980년대 초였다. 그는 인간 뇌 연구와 관련해 심리학자들 사이에 널리 퍼져 있던 행동주의와 기능주의적 접근 방식을 따르지 않았다. 크릭의 입장에서 볼 때 심리학자들은 인간행동을 연구한다면서 이를 물리적으로 지배하는 뉴런 과정에 대한 최소한의 이해도 없이 자신들만의 갑론을박을 계속하고 있을 뿐이었다. 크릭은 심리학자들이 인간의 뇌가 마치 블랙박스인 양 내부의 작동 기제에는 도무지 관심이 없다고 비난했다.

이와는 대조적인 입장에서 인지과학자들과 컴퓨터신경과학자들은 뇌기능에 대한 수학적 컴퓨터 모델을 세우려 노력했다. 그러나 이 또한 여전히 물리적 기반이 없는 인위적·가상적 모델에 바탕을 두고 있다는 면에서 심리학자와 별로 다를 것이 없는 접근 방법이었다. 대신에 크릭은 인간 뇌의 내부를 들여다보고 신경의 네트워크 구성·연결·발화 패턴을 통해 정신활동과 의식을 재조명해보고자 했다.

크릭에 따르면 분자 수준에서 뇌기능 연구의 핵심은 의식이 지니는 뉴런적 상호연관성 neural correlates, 즉 특정한 인식과 뉴런 배열의 연관성을 밝히는 것에 있었다. 크릭에게 심리학과 신경과학은 과거 분자생물학의 혁명과 비슷한 여정을 예고했다.

크릭은 유전학에서와 비슷하게 신경생물학에서도 실험가로서보다는 이론가로서의 길을 택했다. 1950년대 DNA 연구에서 물리학과 유전학이 결합해 분자생물학이라는 지적 교배를 이루어내는 현장에 있었던 크릭은 이번에도 신경해부학·신경생리학·심리물리학 분야에서의 실험논문과 리뷰는 물론 물리적 자극(예를 들어 빛)에 대한 생물학적 반응에 대한 연구까지도 섭렵했다. 또한 그는 다양한 분야의 과학자들과 교류망을 만들어 신경생물학 분야로 통합하려고 했다. 그의 네트워크에는 심리물리학자·인지신경과학자·신경철학자, 컴퓨터신경과학자들까지 포함되어 있었다. 이제 그의 다음 과제는 다양한 분야에서 얻은 독특한 구상과 실험 결과를 연계해 새로운 신경과학의 이론과 실험을 만들어내는 것이었다.

알 수 없는 곳으로 떠나는 마지막 여정

신경생물학자로서 크릭의 연구는 그가 2004년 7월 28일 88세로 세상을 뜰 때까지 계속되었다. 죽기 전날까지도 운명을 알지 못한 채 열띤 토론에 빠져 있던 크릭은 '의식은 과학적 방법으로는 포착되지 않는다'는 기존의 견해에 단호하게 반대하며 의식을 물리생물학적인 프로세스로 환원하는 데 남은 생을 모두 쏟아부었다.

1990년 크릭은 크리스토프 코흐 Christof Koch, 1956~ 와 함께 작업한 주요한 논문에서 '마음 대 육체'라는 양극화론을 케케묵은 철학적 주장이라며 거부하고, 대신 의식의 과학적 연구 가능성을 제기했다. 크릭과 코흐는 신경과학자들이 회피해온 뇌의 의식적 경험에 대한 과학적 연구의 필요성을 역설했다. 한 걸음 더 나아가 그들은 특히 일반인을 대상으로 시각계의 신경생물학과 심리학을 설명하는 데서 의식의 행동주의 모드를 정면으로 반박하는 가설을 제시했다. 이른바 '놀라운 가설'로 알려진 그의 주장에서 크릭은 인간의 정신활동인 마음(뇌의 행동체계)은 두뇌 안에 있는 물질의 활동에 기인하며 두뇌활동은 신경세포 안에서 활동하는 분자들과 동일하다는 것이다. 크릭의 분자생물학에 대한 경험과 지식이 뇌와 의식이라는 연구 영역으로 확대·적용되어 환원론적 해석의 틀을 제공했음을 엿볼 수 있다.

이러한 크릭에 반대하여 의식 문제를 연구하고 나선 이가 제럴드 에델먼 Gerald Edelman, 1929~ 이다. 1972년 면역학 연구로 노벨상을 수상한 에델먼은 개개인의 행동 이론을 분자적 상호작용 이론으로 환원하는 접근에 반대하며, 인간이 기계가 아니라 자유의지가 있는 생명체임을 증명하려고 했다. 에델먼은 1980년대 신경다윈론 neural Darwinism 이라는, 의식에 관한 특이한 이론을 내놓았다. 신경다윈론은 다윈의 진화론을 뉴런에 적용한 것으로, 이는 뉴런 집단 사이에서 벌어지는 자연선택에 따라서 인간의 사고기능이 발휘된다는 내용의 주장이었다. 이에 대해 크릭은 명확성보다는 상상력이 두드러진 열성가의 주장이라고 혹평했다.

크릭과 에델먼의 주장은 갑론을박의 논란을 불러일으켰다. 에델먼에 따르면 의식이란 포괄적 뇌기능global brain function이며 그 속에서는 기억과 학습이 중요한 비중을 가지고 있다. 즉 에델먼이 뇌는 학습의 결과로 확립된 기억 시스템을 통해 감각정보를 받아들이며 이것을 과거에 습득한 경험에 결합시켜 행동의 결과를 만들어낸다고 본 반면에, 크릭은 감각정보, 예를 들어 시각에 연계된 뇌의 부위에서 입력정보에 기반한 행동반응을 만들어내는 뉴런적 상호연관성이라는 환원론적 구조를 통해 의식의 기제를 설명할 수 있다는 것이었다.

1990년대를 뇌과학의 시대로 규정한 과학계의 시대 조류 속에서 인간의 영혼과 뇌기능의 메커니즘에 관한 연구는 신경과학자들의 화두가 되었다. 어떤 이는 크릭이 수행한 뇌과학의 아마추어리즘과 그의 시각체계 이론의 어설픈 주장을 비판하기도 한다. 그러나 크릭의 연구는 현재 시점에서 그 중요성에 대한 평가를 내리기에는 아직 섣부른 감이 있다. 연구가 무르익기도 전에 세상을 떠나버리는 바람에 그의 시도는 미완으로 남아 있지만, 크릭의 뇌과학 연구는 의식의 신비를 과학의 이름으로 재조명한 도전적인 과업임은 누구도 부인할 수 없다.

이중나선 구조의 이인영웅을 기리며

역사를 훑어보면 인류의 삶과 사고에 지대한 영향을 끼친 발견과 발명은 너무나 많고 다양해 일일이 열거할 수가 없을 정도이다. 인류에게 처음으로 기술의 위력을 알려준 불, 가장 기초적이면서도 근본적인 수송혁명을 가져온 바퀴, 인간의 도구에 더욱 강한 힘과 수명을 불어넣어준 금속, 지식의 교환에 불을 붙였던 종이와 인쇄술, 대항해시대를 여는 데 필수적으로 사용된 나침반, 산업혁명을 일으켜 오늘날과 같은 세상을 만드는 계기가 되었던 증기기관, 인류의 우주관을 바꾸어놓은 지동설, 인과적 메커니즘으로 세계를 바라보는 눈을 안겨준 뉴턴 역학, 오늘날 불야성의 찬란한 문명을 가능케 한 전기 등. 이들의 경중을 가리는 것은 무의미하지만, 지난 50여 년간의 DNA 혁명은 이 모든 위대한 발명발견들과도 뚜렷이 차별되는 중대한 의미를 지니고 있다. 그것은 이 혁명이 다름 아닌 우리를 우리답게 해주고 자손을 통해 생명을 이어갈 수 있도록 하는 근본 원리와 연관된 것이기 때문이다.

이러한 생명의 신비와 유전이라는 현상을 둘러싼 혁명의 이면에는 과학의 역사가 시작된 이래 수많은 지식인들의 노력이 묻어 있다. 그리고 그러한 노력들은 집대성되어 마침내 1953년 왓슨과 크릭이라는 두 과학자가 이루어낸 DNA의 구조 발견으로 이어졌다. 이들이 밝혀낸 DNA라는 물질의 정체는, 유전이라는 생명현상의 근본적인 메커니즘을 이해하기 위한 가장 중요한 정보들을 담고 있는, 말하자면 생명체의 설계도와도 같은 것이다. 어떤 것이든 제대로 된 활용을 위해서는 그것 자체에 대한 규명이 먼저 이루어져야 한다는 점에서, DNA 구조의 규명은 DNA 조작을 통해 인류사의 대변혁을 일으켜온 생명공학혁명의 출발점이 되었다. 이러한 DNA의 이중나선 구조 규명이라는 대발견을 이룬 왓슨과 크릭 두 사람의 영웅은 두고두고 회고와 기림의 대상으로 남아 있을 것이다.

James Watson

Chapter 3

대화

TALKING

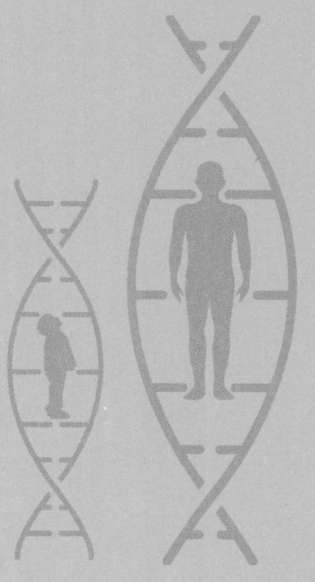

Francis H. C. Crick

DNA 50주년 박람회를 가다

프롤로그

영국의 역사학자 에드워드 카$^{Edward\ Carr,\ 1892~1982}$는 역사는 역사가에 의해 다시 쓰인다는 점을 강조하며 다음과 같은 명언을 남겼다.

> 역사는 역사가와 사실 사이의 계속적인 상호작용 과정이며 현재와 과거 사이의 끊임없는 대화다.

과거의 '단순한 사실'에 새로운 해석과 가치를 부여해 '역사적 사실'로 만드는 것이 역사가의 작업이자 몫이라는 뜻이다. 말하자면 단순한 사실도 역사가의 새로운 생각과 상상력으로 재구성하면 살아 숨쉬는 새로운 역사가 된다는 것이다.

이런 의미에서 역사가는 역사를 독자 앞에 펼쳐놓는 일종의 재창조자이며, 독자가 역사가의 역사서술을 따라가는 동안 역사를 바라보는 시각은 바로 그 역사가의 눈으로 일원화되는 것이라고 할 수 있다. 그렇다면 역사를 바라보는 시각을 최대한 다원화하는 '재미'란 어떤 것일까? 즉 역사가의 서술을 통해 역사를 바라보기보다는 역사의 주역 하나하나가 내는 생생한 목소리에 직접 귀를 기울여보는 것은 어떨까?

이러한 취지에서, 여기서는 DNA 구조 발견과 분자생물학의 발달에 크고 작게 기여한 주인공들을 직접 불러내 얘기를 들어보려 한다.

・・・

2003년 4월 25일 놓칠 수 없는 귀중한 기회가 찾아왔다. 1953년 4월 25일 왓슨과 크릭이 DNA 이중나선 구조 논문을 발표한 지 50주년이 되는 이날 대한민국 코엑스^{COEX}에서는 DNA 50주년 특별 박람회가 개최된 것이다. 특히 왓슨, 크릭, 윌킨스 등 DNA 구조를 발견한 주인공들이 이 행사에 참석하기 위해 어려운 발걸음을 뗐다. 1960년대부터 현재까지 분자생물학의 발전을 이끌어 온 다수의 주인공들이 이제 우리 앞에 모습을 드러내는 것이다.

참석자 명단에는 전령 RNA를 발견하고 유전자암호를 해독한 브레너, 미국립의료원의 인간게놈프로젝트 책임자인 프랜시스 콜린스$^{Francis\ Collins,\ 1950~}$, 인간게놈프로젝트의 민간영역 주체인 셀레라 지노믹스 사의 크레이그 벤터$^{Craig\ Venter,\ 1946~}$, 중합효소연쇄반응 장치 PCR을 발명한 멀리스 등 현 분자생물학계 최상의 라인업이 예약되어 있다. 미국 하버드 대학 생명정보학센터 소장인 길버트는 왓슨과 오랫동안 지적 교분을 나누어온 지기로서 누구보다도 그에 대해 정통한 인물에 속한다. 또한 클루그가 누구던가. 프랭클린의 마지막 연구에 동참한 버크벡 대학의 동료이지 않은가? 여기에 최근 프랭클린의 전기를 펴낸 바 있는 매독스 여사 등 관련 저널리스트까지 모두 포함되어 있는 명단에 눈이 휘둥그레질 지경이다.

행사 내용도 상당히 흥미롭다. 크게 3개 장소로 나누어 진행되는 행사는 제1관의 경우 DNA 혁명과 분자생물학 발전의 역사적 현장을 재현한 가상체험 코스, 제2관에서는 이러한 발전을 이끌었던 영웅들에 대한 패널들의 평가가 이루어지는 토론회, 마지막으로 제3관에서는 DNA 혁명의 주인공이자 인간게놈프로젝트의 기반을 닦는 등 아직까지 생명의 비밀을 향한 최전선에 서 있는 왓슨과의 대담이 관객을 기다리고 있다.

제1관 : 유전물질의 정체는?

제일 먼저 제1관인 가상체험관을 방문했다. 거대한 중앙 입구를 지나면 규모는 이보다 작지만 눈부시게 번쩍이는 기계장치 문 여러 개가 사람들의 눈길을 끈다. 그 문들은 과거와 현재를 넘나들 수 있는 타임게이트Time-gate(시간문)를 형상화한 장치로 문을 통과하면 DNA 구조 발견의 과정에서 각별한 의미를 지니는 과거의 사건과 만날 수 있다. 물론 역사적 사료와 증언을 바탕으로 하되 많은 부분을 가상적으로 재구성한 일종의 퍼포먼스지만, 현재까지 알려진 연구 성과 안에서는 역사의 진실에 가장 근접한 현장을 보여준다는 것이 이 전시관의 자랑이다.

각 타임게이트가 인도하는 역사의 현장은 다양하다. 이미 분자생물학계의 성지순례 코스로 자리잡은 DNA 대발견 논문의 게재 현장을 비롯해 DNA 이중나선 모형의 제작에 열중하고 있는 왓슨과 크릭의 연구소, 1962년 노벨상 시상식장 등 어디를 선택해서 가야 할지 망설여질 정도다. 순간 나는 유독 한산한 타임게이트 앞에서 자신과 함께할 방문객들의 숫자가 차기를 기다리는 노인 한 분을 발견했다. '가상 대담, DNA 대 단백질'이라는 제목이 붙은 타임게이트는 다른 곳에 비해 무척이나 한산했다. 아마도 대담 어쩌고저쩌고 하는 제목이 관객의 흥미를 끌기에는 다소 부족했나 보다. 다른 현장이 궁금하지 않았던 것은 아니지만 같이 갈 관람객을 기다리고 있는 노인이 측은하기도 해 조용히 그와 동행했다.

가이드는 우리를 1944년 미국 뉴욕 록펠러 대학의 한 실험실로 안내했다. 그곳에서는 1944년에 발표된 에이버리 실험을 둘러싸고 학자들 사이에 논쟁이 벌어지고 있었다. 여기서는 에이버리와 그의 연구팀의 숨은 이야기를 엿볼 수 있었다. 언뜻 보기에도 에이버리는 훌륭한 과학자의 풍모를 풍겼으며, 실제로도 연구원들과 조화를 이루며 공동연구를 묵묵히 수행하는 과학의 수도자로 알려져 있다. 서로 사심 없는 대화를 나누며 아이디어를 교환하는 것은 에이버리 연구팀의 특징이었다. 이른바 에이버리 실험으로 불리는 업적은 바로 돈독한 상호관계와 존경심으로 결합된 에이버리 팀의 성격과도 무관하지 않을 것이다. 이 연구 결과의 발표를 계기로 당대 석학들이 모인 토론회가 바로 우리의 눈앞에서 펼쳐지고 있는 것이다. 물론 가상이긴 하지만 당시 유전물질의 탐구를 둘러싸고 과학자들 사이에 일었던 쟁점을 축약하여 보여주기에 나는 말할 수 없이 강렬한 흥미를 느꼈다. 옆의 노인은 이를 아는지 모르는지 그저 조용히 지켜만 보고 있었다.

가상 논쟁 참석자

세균학자 오즈월드 에이버리(Oswald Avery), 면역학자 프랭크 버넷(Frank Burnet), 생화학자 웬들 스탠리(Wendell Stanley), 유전학자 테오도시우스 도브잔스키(Theodosius Dobzansky), 유전학자 허먼 멀러(Hermann Muller), 생화학자 롤린 호치키스(Rollin Hotchkiss), 파지유전학자 막스 델브뤼크(Max Delbrück) 의학자 앙드레 부아뱅(André Boivin), 생화학자 피버스 레빈(Phoebus Levene), 생화학자 제임스 섬너(James Sumner), 유전학자 조지 비들(George Beadle), 생화학자 앨프리드 미어스키(Alfred Mirsky), 생화학자 어윈 샤가프(Erwin Chargaff)

|사회| 에이버리 씨, 당신 팀이 거둔 실험 결과에 대해 간략히 말씀해주시지요?

|에이버리| 저희의 올해(1944년) 논문의 핵심은 이렇습니다. DNA가 폐렴쌍구균에서 형질전환을 가능하게 한 물질로 드러난 이상, DNA를 단순히 유전현상에서 산파 역할을 하는 분자로 한정 짓기는 어려울 것 같습니다. 즉 DNA는 이미 알려진 것처럼 단백질을 제자리에 있도록 하는 지지 구조 역할 이외에도, 세포의 생화학적 활동과 특이성을 결정하는 데 직접적인 권한을 행사하는 물질이라 하겠습니다.

|사회| 굉장한 발견입니다. 아시다시피 현재까지는 단백질이 유전을 담당하는 생체물질로 생각해왔는데 그 생각을 뒤엎으신 거군요. 그렇다면 에이버리 씨, DNA는 어떻게 동작하는 걸까요?

|버넷| (궁금증을 참지 못하는 듯) DNA는 유전자처럼 행동합니까? DNA의 동작 양상이 유전자의 그것과 일맥상통합니까?

|스탠리| 아니면 DNA는 바이러스처럼 행동합니까? 저는 1935년에 담배모자이크바이러스를 결정체로 분리하는 데 성공했습니다. 그런데 여러 가지 성질로 추측해볼 때 이 바이러스는 단백질로 이루어져 있으며, DNA 없이도 증식이 이루어지고 있습니다.

|도브잔스키| 며칠 전 에이버리 씨를 방문했을 때 그동안 제가 연구해온 초파리 돌연변이체를 보여드린 적이 있습니다. 제 의견으로는, 외부적인 방사선 처리를 한다면 정향의 돌연변이 생성

directed mutagenesis 이 가능하다고 봅니다. 즉 폐렴쌍구균의 형질전환은 DNA에 의해서가 아니라 돌연변이에 따른 것일 가능성도 있다고 생각해요.

|멀러| 저도 그렇게 생각합니다. 저는 염색체에 인공적으로 X선을 쪼이면 돌연변이와 유전적 변화가 생겨날 수 있다고 봅니다. 그것은 염색체상 일부 유전자의 조합이 뒤바뀌는 현상인 교차를 통해서 나타납니다.

|에이버리| 예, 여러분께서 제기하신 의문에 공감이 갑니다. 아직 정확하게 DNA 유전자의 기능 메커니즘을 알 길이 없는 것이 안타까울 뿐입니다. 다만 저희 실험실에서는 단백질에서 자유로운 DNA만의 화학적 정체성을 규명하는 데 초점을 맞추고자 합니다. 나머지 문제는 다른 곳에서 연구되었으면 합니다.

|호치키스| 저는 에이버리 씨의 실험실에서 연구하고 있습니다. 현재 저희 실험실에 유전학자가 참여하지 못하는 점이 안타깝습니다. 오늘 와주신 도브잔스키 씨와 멀러 씨를 비롯한 유전학자들께서는 돌연변이의 변이성에 주된 관심을 가지고 계신 것 같습니다. 연구에 참가한 저희 연구원들처럼, 실험에 대한 이해가 깊어질수록 저희의 결론에 동의하시리라 믿습니다.

|델브뤼크| 저도 최근에 파지 증식 실험을 진행 중인데 에이버리

씨의 결과를 지지합니다. 말하자면 저 역시 DNA가 유전물질이라는 확신을 가지고 있습니다.

|부아뱅| 전 프랑스에서 의화학을 강의하고 있습니다. 저도 박테리아의 핵산에 관심을 가지고, 현재 에이버리 씨의 연구 결과를 응용해 대장균 실험을 진행하고 있습니다. 그의 생각을 완전히 지지하는 것은 아니지만, 제 동료들의 계속적인 실험에 낙관적 결과를 예상하고 있습니다.

논쟁을 지켜보며 나는 노인장에게 두어 가지 보충 설명을 해주었다. 우선 에이버리의 이번 연구 성과가 제대로 학계에 알려지지 못한 한계를 지녔다는 것이다. 그가 연구 결과를 발표한 의학잡지는 유전학자들에게는 낯선 것이었다. 게다가 별도의 세미나와 심포지엄 등을 개최하지 않은 탓에 그의 주장은 비판의 대상이 될 기회조차 제대로 가지지 못했다. 지금 눈앞에서 펼쳐지는 토론은 당시의 지적 경향과 서로 대립되는 주장의 요지를 압축해 보여주기 위해 가상으로 꾸민 것이지만, '실험실에서의 대화'라는 설정은 실험실에서 조용히 연구에 몰두할 뿐 학회 참석과 같은 대외 활동에는 소극적이었던 에이버리의 성향을 충분히 반영하고 있다 하겠다.

|사회| 오늘 여기 분위기로는 아직까지 유전적 특이성을 설명하는 인식론적 모델로 단백질 중심 원리가 우세한 것 같습니다. 그

렇다면 과연 DNA를 유전자 구조로 이해하는 데 어떤 단점이 있는 걸까요?

|레빈| 아마도 제가 몇 해 전에 제시한 4중 뉴클레오티드 모델이 그 의문에 대한 해답과 연관이 있지 않을까 생각합니다. DNA는 아데닌, 티민, 구아닌, 시토신 4종의 뉴클레오티드가 하나씩 차곡차곡 조합되어 4개의 뉴클레오티드가 하나의 단위로 구성됩니다. 이 기본 단위는 포개어지고 합쳐져 사슬식으로 연결되는데, 이 연결이 반복되어 DNA를 이루는 것입니다.

레빈은 핵산을 구성하는 네 종류의 뉴클레오티드가 하나씩 조합되어 4중 뉴클레오티드라는 단위를 구성하고, 이것이 중합^{重合}되어서 핵산을 만든다는 가설을 세웠다. 레빈의 가설은 훗날 오류로 판명되었지만, 이 가설로 인해 당시 생물학계에서는 핵산이 단순한 구조의 물질이라는 인식이 퍼졌고, 그 때문에 핵산의 생물학적 중요성이 폄하되는 본의 아닌 결과를 낳았다.

|사회| 레빈 씨의 가설에 따르면 DNA는 상당히 단순한 구조의 물질이라 할 수 있겠군요. 그렇다면 DNA 구조는 생물학적 다양성을 설명하기에는 역부족일 수도 있겠습니다. 결국 핵단백질이 유전자의 후보로 아무래도 유리한 상황이네요.

|스탠리| 저 역시 식물 바이러스인 담배모자이크바이러스를 순수

단백질 형태로 분리해내는 데 성공함으로써 염색체의 핵단백질 모델을 믿을 수밖에 없었습니다.

|섬너| 단백질이 세포 내에서 다양한 화학반응을 결정할 수 있다는 사실은 여러 실험을 통해 증명이 됩니다. 이러한 단백질을 효소라 부르는데, 저는 많은 효소를 순수분리해 결정화했고 이들의 단백질적 특성을 증명했습니다.

|비들| 저희들 실험 결과도 유전현상과 관련한 단백질의 중요성을 지지하고 있습니다. 대사 과정에 결정적인 역할을 담당하는 효소가 특정 유전자의 긴밀한 조절을 받는다는 사실을 보여주고 있습니다. 테이텀 씨와 함께 수행한 실험에서 저는 세포 내 유전자의 작용이 효소나 다른 단백질의 합성을 결정한다는 사실을 어느 정도 인식하게 됐습니다.

|미어스키| 에이버리 씨의 실험에서 형질전환된 순수 DNA의 양에도 문제가 있는 것 같습니다. 그것은 단지 오염된 미세한 단백질에 지나지 않을 것 같습니다.

|샤가프| 전 지금 효모와 그 밖의 종의 염기 비율에 대한 연구를 수행하고 있습니다. 잠정적으로 저는 4개 염기비율에서 일종의 규칙성을 발견하는 중입니다. 결국 전 저의 이름을 건 법칙을 발견하려고 합니다.

|사회| 오늘 논쟁으로 본 결과, 유전물질로서의 DNA는 여전히 논란의 대상이며 따라서 이에 관한 연구는 계속해서 진행되어야 할 것 같습니다. 아직까지 확신할 수는 없지만, 언젠가 DNA의 구조가 규명되고 또 그것이 유전현상과 관련한 역할이 확실하게 설명되는 날에는 에이버리 씨의 실험은 아마도 노벨상 수상감이 되지 않을까 합니다. 에이버리 씨의 실험이 현대 DNA 연구의 역사적 플랫폼이며 유전학과 생분자 과학 전반에서 분자혁명의 시작에 기여했다는 평가를 받을 날이 오겠지요.

그러나 DNA가 유전물질이라는 증거를 제시한 최초의 연구 결과인 에이버리의 실험은 1944년 발표 당시 그에 걸맞은 인정과 대접을 받지 못했다. 이는 실험 결과 자체의 허점이라기보다는 폐렴쌍구균이라는 실험 대상 자체가 지니는 의외성, 그가 의학자였던 탓에 의학저널에 연구 결과를 발표했던 전략적 실수 등 다소 과학 연구의 본질과는 거리가 있는 악재 아닌 악재들이 작용한 것이 사실이다.

그러나 에이버리가 씨를 뿌린 '유전자=DNA'의 등식은 1952년 허시와 체이스가 박테리오파지의 유전물질이 DNA임을 확증하는 실험 결과를 제시함으로써 더욱 강화되었다. 그리고 마침내 왓슨과 크릭에 의해 DNA 이중나선 구조가 밝혀지면서 에이버리의 주장은 오랜 폄하를 벗어나 그 진가를 인정받게 된다. DNA의 구조 자체가 그것이 유전자일 수밖에 없는 이유를 담고 있기 때문에, 에이버리와 왓슨, 크릭은 서로 빚을 지고 있다고 할 것이다. 에이버리는 왓슨과 크릭의 대발견의 지적 시발점이며 왓슨과 크릭은 에이버리 실험의 진가를 증명하는 가장 강력한 증거를 제시했기 때문이다. 에이버리는 왓슨과 크릭의 대발견이 발표되기는 했으나 아직 본격적으로 인정을 받기 전인 1955년에 죽었다. 그가 아직 살아 있다면 우리는 왓슨과 크릭, 에이버리 세 사람이 서로에게 진심에서 우러나오는 감사의 예를 올리는 흐뭇한 장면을 목격할 수 있을 것이다.

비록 가상적으로 재구성한 것이기는 하나 에이버리의 실험실 토론에서부터 DNA 개념의 점차적인 수용이 이루어진 역사적 시발점을 방금 목격한 셈이다. 후대의 거대한 발견을 잉태하는 역사의 전주 앞에서 나는 숨을 고를 수밖에 없었다. 그러나 내 옆의 노인은 이런 나의 감상을 아는지 모르는지 여전히 아무 말이 없다.

흥분으로 끌어오르는 가슴을 어느 정도 진정시킨 채 제1관의 또 다른 현장을 몇 군데 더 돌아본 나는 이제 제2관을 방문하기 위해 노인에게 작별인사를 했다.

"어르신, 함께해서 즐거웠습니다. 남은 코스도 즐겁게 관람하시기 바랍니다. 그리고 주제넘은 제 보충설명이 부족하지만 도움이 되었기를 기원합니다. 그런데 어르신의 성함은……?"

그는 미소를 띠며 짤막하게 대답했다.

"로버트 올비Robert Olby●."

○ 로버트 올비
분자생물학과 유전학의 역사 연구에 매진한 석학. 대표작은 《이중나선으로 가는 길 The Path to the Double Helix》(1974), 크릭의 전기물 《Francis Crick: Hunter of Life's Secrets》[Kindle Edition]를 집필하여 2009년에 출판되었다.

제2관 : 이중나선 구조 발견의 숨은 히로인

제2관에 들어서자 여러 개의 방이 각각 누군가의 브로마이드를 문 앞에 붙인 채 관객을 기다리고 있었다. 이곳은 분자생물학 역사에 등장한 영웅들에 대한 패널들의 평가가 이루어지는 곳이다. 패널의 역할은 이 방의 영웅과 관련 있고 그에 대해 많은 관심을 가진 실존인물이 수행한다. 여러 개의 방을 돌아다니다 보니 매우 이지적인 분위기를 풍기는 여성의 브로마이드를 발견할 수 있었는데, 바로 로절린드 프랭클린의 사진이었다. 브로마이드 옆의 안내판에는 그녀에 대한 설명이 선명하게 적혀 있었다. 특히 눈길을 끄는 대목은 다음과 같았다.

> 1953년 2월 그녀의 실험노트에는 분명한 그녀의 필체로 DNA 구조가 이중나선의 형태를 띠고 있고, DNA 분자를 구성하는 인은 바깥쪽에 위치하며, DNA의 형태는 두 가지로 나뉜다는 사실이 적혀 있다.

나는 곧바로 이것이 왓슨과 크릭이 DNA 이중나선 구조를 발표하기 바로 얼마 전 그들의 수중에 떨어진 프랭클린의 중요한 자료와 관련 있음을 느꼈다. 역사에 따르면 이 무렵에 왓슨과 크릭은 프랭클린의 미발표 실험 증거를 비공식적인 경로로 확보하는 최대의 행운을 거머쥐었다. 그녀의 DNA X선 사진에는 분자결정 내 단위세포의 정확한 수치와 결정체의 대칭성을 통해 단번에 DNA 섬유의 이중나선 구조를 알아볼 수 있는 명백한 증거가 담겨 있었다. 이를 제3자인 윌킨스를 통해 손에 넣은 왓슨과 크릭은 DNA가 이중나선 구조일 거라는 창의적인 상상력과 염기쌍 짝짓기 퍼즐 작업 덕분에 대발견을 이룰 수 있었다. 즉, 프랭클린은 왓슨과 크릭이 DNA 구조 발견이라는 고지에 오를 수 있었던 가장 직접적이고 결정적인 기회를 마련해준 셈이다. 그뿐만 아니라 프랭클린의 실험노트는 그녀 자신이 그 고지에 오르기 직전이었음을 나타내준다. 그러나 정작 프랭클린은 왓슨과 크릭이 윌킨스를 통해 자신의 X선 사진을 보았다는 사실을 전혀 몰랐다. 심지어 1958년 그녀가 38세의 나이에 난소암으로 세상을 떠날 때까지도.

세간은 물론 과학계에서도 외면당하고 있던 프랭클린의 이름이 세상에 알려진 것은 1968년 왓슨의 베스트셀러 《이중나선》이 출간되면서였다. 그러나 DNA 구조 발견의 긴 여정을 기술한 그 책에서 왓슨은 그녀의 업적에 대한 찬사, 아니 프랭클린으로부터 받게 된 행운에 대해 일말의 감사도 담지 않았다. 도리어 프랭클린에 대한 왓슨의 평가는 매우 인색해, 남자에게 공격적인 데다가 여성적인 아름다움이 모자라는 인물이며, 자신이 감당할 수도 없는 실험 데이터를 독점하고자 하는 욕망에 사로잡힌 과학자로 묘사하였다.

프랭클린에 대한 새로운 해석을 내놓은 것은 1975년 앤 세이어에 의해 출간된 프랭클린의 첫 번째 전기물이었다. 이 책은 DNA X선 결정 연구에 있어 그녀의 탁월한 성과와 과학적 역량을 새롭게 조명함으로써, 프랭클린에게 분자생물학의 실비아 플래스$^{Sylvia\ Plath,\ 1932~1963}$*라는 평가를 안겨주었다. 실비아가 문학계에서 그랬던 것처럼 프랭클린 역시 뿌리 깊은 여성혐오주의가 팽배한 과학계의 관행에 반대하는 페미니스트 아이콘의 상징이 되었다. 여기에는 1958년 프랭클린의 갑작스런 비극적 죽음에 대한 동정과 연민도 한몫한 것이 사실이다. 그 때문에 프랭클린을 둘러싼 신화화 논란까지 일어났으며, 1962년 왓슨과 크릭, 그리고 윌킨스의 노벨상 수상과 관련한 프랭클린에 대한 평가는 여지껏 논란과 논쟁으로 점철되어왔다.

이에 제2관의 한 부스에서는 DNA 구조 발견 50주년을 맞아, 이중나선 구조 발견의 숨은 주역인 프랭클린에 대한 역사적 재평가를 시도하는 논쟁을 재연하고 있었다. 다음은 포럼 요지를 요약한 것이다.

|사회| 오늘 '프랭클린 제대로 보기' 토론회에 참석해주신 여러분 감사드립니다. 무엇보다도 프랭클린과 함께 시대를 지내온 윌킨스와 크릭 박사님, 프랭클린의 둘도 없는 친구 세이어 씨, 최근 프랭클린의 전기를 발표한 매독스 씨, 프랭클린과 버크벡 대학에서 동료로 지낸 클루그 씨, 그리고 프랭클린을 기억하시는 관계자 분들 등 모두 감사합니

◯ 실비아 플래스
미국의 시인·소설가. 뛰어난 문학적 감수성과 재능, 열정과 야망까지 겸비한 천재였지만 '폭압적 남성성에 희생된 순교자'로 남게 된 비운의 시인. 소외와 죽음, 자기파괴 등을 다룬 작품이 많다. 1981년 《시선집 The Collected Poems》으로 퓰리처상을 받았다.

다. 이 가운데 세이어 씨는 페미니스트 시각에서 프랭클린의 전기를 발표하신 것으로 유명합니다. 먼저 자신의 입장을 정리해 주십시오.

|세이어| 저는 왓슨의 저서《이중나선》곳곳에 프랭클린에 대해 잘못된 해석이 드러나고 있다고 봅니다. 왓슨은 프랭클린이 수행한 연구의 가장 큰 수혜자임이 분명한데도 불구하고, 그녀의 외모와 성격, 이미지 같은 부분적인 묘사에만 치중함으로써 프랭클린의 과학자적 기질과 업적 등은 외면하는 불공정한 시각을 보여주었습니다. 과학자인 양 뽐내면서 옷맵시도 없다는 등 남성의 왜곡된 시선으로 프랭클린을 평가함으로써 자연히 그녀에게 주변부 여성 과학자의 역할과 위상을 덧씌운 것입니다.

그러나 실제로 프랭클린은 열정과 지식, 경험을 겸비한 베테랑 과학자였습니다. 그녀가 킹스 칼리지로 자리를 옮길 수 있었던 것도 그 직전인 1947년부터 1950년까지 3년 동안 프랑스 파리 정부연구소에서 석탄과 비정형 결정 구조에 대해 상당한 연구성과를 거둔 바 있기 때문입니다. 특히 DNA 이중나선 구조 발견의 결정적 계기가 되었던 X선 회절 사진의 촬영에서 그녀의 성취는 매우 뛰어났습니다.

하지만 왓슨은 그의 저서에서 1차적으로 그녀의 X선 사진의 공헌에 대해 거의 무시로 일관하는 한편, 2차적으로 그녀가 가진 과학자적 자질과 숙련된 실험가로서의 전문적 능력은 제외시켜 버렸습니다. 그 결과 DNA 이중나선 구조의 발견에서 프랭클린의 역할은 거의 지워지다시피 한 채 여기까지 왔습니다. 1950년대 남성 주도적 과학계에서 외로이 고군분투하는 삶을 살았던 프랭클린은 어쩌면 죽어서도 끝나지 않은 싸움을 계속하고 있는지도 모릅니다.

|매독스| 프랭클린과 관련해 남녀의 대립을 유발하고 그녀를 신격화하는 오류에 빠지지 않기 위해서는, 다른 측면도 충분히 고려해야 할 것 같습니다. 당시 킹스 칼리지에 여성 과학자는 프랭클린 말고도 8명이 더 있었습니다. 그리고 일반적으로 알려진 것보다도 킹스 칼리지에서 여성 과학자에 대한 대우는 양호했던 것으로 평가되고 있습니다. 프랭클린에 대한 학계 및 세간의 평가가 야박한 면이 있었다는 데는 동의하지만, 그 원인을 단순히 과학계의 젠더 문제에서만 찾는 것은 잘못이라고 생각합니다.

|고슬링| 프랭클린 박사님의 킹스 칼리지 시절, 저는 그분의 박사 과정생이었습니다. 적어도 제가 직접 지켜본 바에 따르면, 프랭클린 박사님이 감내해야 했던 연구소의 지적 환경이 여성 과학자들에게 유리했다고 할 수는 없으며, 거기서 여성 과학자들이 남성과 동등한 대우를 받았다고도 절대로 말할 수 없습니다. 작은 예지만, 점심식사 후 커피 모임이 이루어지던 흡연실은 금녀의 구역이었습니다. 문제는 그 방이 단순히 휴식의 장소가 아니라 연구 주제를 둘러싼 아이디어 교환과 사회적 교류가 이루어지던 장소였다는 점입니다. 사소한 예에서도 알 수 있듯이 남성

들과 달리 프랭클린은 학자로서의 경력과 업적에 득을 가져다줄 수 있는 기회를 누릴 수 없었습니다.

|클루그| 저는 프랭클린이 킹스 칼리지를 떠나 최종적으로 정착한 버크벡 대학에서 동료로 일했습니다. 프랭클린이 남긴 서한은 그녀의 사후 모두 제 손에 들어와, 저는 그것들을 자세히 살펴볼 기회가 있었습니다. 사실 그녀는 왓슨이 기술한 것보다도 훨씬 존중받을 만한 능력과 업적을 갖춘 과학자였습니다. 다만 그녀는 킹스 칼리지에서 인간관계에 적응하지 못한 것 같습니다. 그 이유를 들자면 여성 과학자에 대한 부당한 대우와 같은 젠더 문제보다는 그녀의 출생계층과 종교 문제가 적응에 어려움을 안겨 주었던 것 같습니다. 부유한 상류층 유대인 출신인 그녀에게, 신학자 양성소를 연상시키는 킹스 칼리지의 권위적·보수적인 무거운 분위기는 그녀가 이전에 파리의 연구소에서 향유했던 것 같은 자유로움을 만끽할 수 없게 했습니다. 그녀에게 킹스 칼리지는 아마도 심적으로 버거운 장소가 되었을 것입니다.

|사회| 참고할 만한 지적인 것 같습니다. 한편에서는 DNA 이중나선 구조의 발견은 왓슨과 크릭의 가로채기의 결과라는 평가를 내리기도 합니다. 그리고 이러한 가로채기의 피해자인 프랭클린의 억울함은 그녀가 실험실에서 공동연구 문화에 적응하지 못함으로써 스스로 불러온 결과라는 다소 냉정한 시각도 있습니다. 프랭클린이 킹스 칼리지에서 윌킨스와 동료 관계를 제대로 꾸려

나갔더라면, 그리고 그녀가 캐번디시의 크릭과 지기관계를 좀더 적극적으로 활용했더라면 하고 가정해봅니다. 과연 그녀가 실험실에서 과학자로서 보여준 인간관계의 모습은 어떠했으며 그것이 그녀의 과학적 성과와는 어떤 관계가 있었다고 보시는지요?

|윌킨스| 솔직히 프랭클린은 함께 협력연구를 펼치기는 상당히 어려운 과학자였습니다. 무엇보다도 그녀는 자신의 독자적인 책임 아래에 연구를 진행시켜나가기를 매우 원했습니다. 과학에서 어느 정도의 협력연구는 어쩔 수 없는 것인데도 말입니다.

|매독스| 그 점에 대해 저의 분석은 이러합니다. 사실 프랭클린에게 삶의 의미는 과학 자체에 있었던 것 같습니다. 그녀의 이상과 삶에서 결혼과 모성이라는 여성성 sexuality 의 흔적은 발견하기 힘들며, 그 자리를 진지한 과학자로 대접받고자 하는 욕망이 차지하고 있었습니다. 그녀는 오로지 프로페셔널한 과학자로 남고 싶었던 것입니다.

|클루그| 제가 하고 싶은 말도 비슷합니다. 프랭클린은 윌킨스와는 성격이 달랐던 것 같습니다. 그들의 관계는 시작부터 삐걱거렸는데, 이것은 남자 대 여자의 문제는 아니었습니다. 프랭클린이 남자였다 하더라도 그들의 성격상의 차이는 그다지 좁혀지지 않았을 겁니다. 이러한 상황에서 남녀차별 같은 가치관이 그다지 중요한 것은 아니었습니다. 프랭클린은 자신을 그 자체로 인정

받고 싶어했습니다. 윌킨스 씨와의 갈등 등 여러 가지 이유 때문에 그녀의 그러한 욕구가 방해에 부딪히면서, DNA 연구에 몰입하는 데 방해를 받았던 것으로 보입니다.

|사회| 프랭클린의 대외적인 인간관계로부터 그녀의 내면적인 성향이나 연구패턴으로 눈을 돌려보겠습니다. 여러 가지 증거와 의견을 종합해볼 때 프랭클린이 프로페셔널한 자질과 자세를 지닌 전문 과학자였던 것은 의심할 나위가 없는 것 같습니다. 그렇다면 그녀의 이러한 지향점이 DNA 구조를 풀어내는 데 보여주었던 연구 패턴에 대한 일종의 해답을 제공할 수 있지 않을까 합니다. 그녀는 DNA 구조를 규명하는 과정에서 정통적인 방법론과 검증된 실험 자료에만 의존한 경향이 보입니다. 말하자면 그녀는 왓슨과 크릭이 시도한 DNA 모형 제작 같은 실천적인 증명보다는 X선결정학적 지식에 기반한 정확한 이론적 규명을 염두에 두고 있었던 것 같습니다.

|크릭| 예, 그 일에 대해서는 직접 모형을 만들었던 제가 한 말씀 드리겠습니다. DNA 구조를 이해하는 데 있어 모형 제작은 또 하나의 흥미로운 방법론이라고 생각합니다. 미국의 폴링이 단백질 알파나선 구조를 모형 제작을 통해 쉽게 증명한 선례를 채용한 것이지요. 물론 왓슨과 저는 폴링의 삼중나선 구조 모델의 완패를 보았지만, 적어도 그의 방법론이 신선한 자극이 된 것은 사실입니다.

우리가 폴링의 방법론에서 영감을 받은 것과는 달리 그녀가 영향을 받지 않은 것은 아마도 그녀의 DNA 구조 연구가 지향하는 범위와 방향이 우리와는 달랐기 때문이 아닌가 합니다. 우리는 DNA의 나선이 외형적으로 어떻게 이루어져 있는지뿐 아니라, 그러한 구조가 DNA의 복제와 어떠한 연관이 있는지도 밝혀내고자 했습니다. 이를 위해서는 염기 짝짓기의 원리 규명이 필수적이었고 이 과정에서 우리가 상상하고 의도한 바를 실제로 시각적으로 구현해볼 수 있었던 모형 제작은 최적의 방법 가운데 하나였습니다.

프랭클린은 분명 킹스 칼리지에서 완벽한 DNA의 X선 회절 사진을 만들어냈습니다. 그러나 그녀의 DNA 구조 탐구는 커다란 유전학적 명제가 아니라 DNA에 대한 X선결정학적 지식 탐색의 하나였던 것으로 보입니다. 무엇보다도 DNA 구조 문제를 해결하는 중요한 돌파구가 되었던 염기 짝짓기라는 생각은 처음부터 프랭클린에게는 없었던 것 같습니다.

|클루그| 한마디 보태겠습니다. 프랭클린은 예리한 분석력을 갖춘 실험가였지만, 크릭이나 폴링 같은 정도로 상상력이 풍부하지는 않았습니다. 그래서인지 그녀는 왓슨이 그토록 목매었던 DNA 구조 모델링에는 별로 관심이 없었습니다. 이에 대한 또 다른 이유는 그녀가 캐번디시 연구소의 브래그, 켄드루와 퍼루츠가 단백질 알파나선형 구조 모델 규명에 실패한 것을 보았기 때문이라고 생각합니다. 대부분 프랭클린이 지나치게 신중했다고 표현

하지만, 저는 그것이 당시로서는 무분별·부주의한 찔러보기식 시도에서 비롯되는 시행착오를 피할 수 있는 방법이 아니었나 합니다. 도리어 어떤 측면에서 그녀가 매우 체계적이었다는 평가를 내릴 수도 있을 것입니다.

|사회| 오늘의 이야기를 정리해보겠습니다. 프랭클린의 위대한 업적, 구체적으로 그녀의 DNA X선 결정 사진이 왓슨, 그리고 여기 크릭 씨와 윌킨스 씨께서 DNA 이중나선 구조를 발견하는 데 결정적인 실마리가 된 것은 부인할 수 없는 사실인 것 같습니다. 이분들이 그녀의 사진 없이 나중에라도 동일한 대발견을 이루었을 것이라든지, 아니면 프랭클린이야말로 그 영예를 차지했어야 했다라든지 하는 등의 역사적 가정은 둘째로 친다 해도 말이죠. 그러나 우리는 동시에 프랭클린의 한계 또는 왓슨과 크릭, 윌킨스 씨의 모델이 지니는 차별적인 위대함을 발견할 수 있습니다. 오늘날 이분들의 발견이 분자생물학과 유전공학, 나아가 세계를 바꾼 것으로 평가받는 것은 그들의 모델이 단순히 DNA의 외형적 구조만을 담고 있는 것이 아니라 유전현상의 가장 핵심적인 바탕, 즉 DNA의 복제라는 메커니즘이 어떻게 그 구조에 녹아 있는지 밝혀냈기 때문이라 하겠습니다. 다시 말해 DNA 이중나선 구조 발견이라는 역사적 사건의 무대에서 프랭클린이라는 숨겨진 영웅의 역할은, 어디까지나 다른 세 명의 영웅과의 공존을 전제로 논의되어야 할 것입니다. 다만 이 셋 가운데 오직 윌킨스 박사 외에는 아무도 그녀의 역할을 인정하지 않는 현재

의 상황은 수정되어야 할 것이며, 역사의 대본에서 지워진 그녀의 역할을 다시 써 넣는 것이 바로 역사적 연구의 과제인 것 같습니다. 과장도, 폄하도 없는 사실 그대로 말이지요.

제3관 : 왓슨과의 만남

제2관의 여러 곳을 돌아다니다 시간을 써버린 나는 제3관에 허겁지겁 들어섰다. 통로마다 사람들로 빼곡히 차 있었고, 발표석에는 사회자와 함께 왓슨이 자리하고 있었다.

|사회| 오늘날 우리는 DNA 시대를 살아가고 있다 해도 지나친 말이 아닙니다. DNA 이중나선 구조의 규명에서부터 시작된 분자생물학, 그리고 생명공학의 파고는 이제 인간의 삶 곳곳에 파고들어, 복잡한 현대의 사회문화 속에서 갖은 형태로 응용됨은 물론 직간접적인 영향력을 행사하고 있습니다. 가령 DNA 검사는 범죄자 식별은 물론 친자 확인 같은 신원 감식의 가장 확실한 방법입니다. 아울러 유전병을 진단함으로써 특정 질병의 판독까지 가능하게 해주는 유용한 도구로 사용되고 있습니다. 무엇보다도 DNA 이식 내지 복제를 통해 실험실에서 배양된 장기가 질병과 장애의 치유에 사용될 것으로 예상되어 이제 건강한 삶의 완성은 한층 가까이 다가온 것으로 보입니다. DNA 혁명의 여파는 비단 인간의 신체뿐 아니라 그것을 지탱해주는 동식물 식량

의 생산에도 미치고 있습니다. 유전자 조작으로 탄생된 이른바 GMO는 격렬한 논란에도 그 위세를 확대해가고 있습니다. 어떤 이는 GMO가 세계적인 기아 문제를 해결할 것으로 기대하고 있기도 합니다. 아울러 세포 속에 극소형 생물분자컴퓨터를 넣어 전립선암과 폐암을 진단하고 치료하는 실험에 성공하는 등 DNA를 소프트웨어로, 효소를 하드웨어로 사용하면서 연산기능을 실행할 수 있는 DNA 컴퓨터의 개발 역시 진행되고 있습니다. 이제 DNA 기술은 그 자체로서뿐 아니라 이미 우리 시대에 가장 강력한 힘을 발휘하고 있는 IT와도 결합해 그야말로 무한한 가능성을 지닌 신세계의 모습을 그려주고 있습니다.

(왓슨을 쳐다보며) 박사님, 이 모든 환상적인 신세계의 출현을 가능하게 한 첫출발이 바로 DNA 구조의 발견이었다고 할 수 있습니다. DNA 이중나선 구조 발견 50주년을 맞은 지금, 바로 그 주역의 한 분인 왓슨 박사님께 한 말씀 부탁드리겠습니다. 세계적인 대발견이 가능했던 배경, 그리고 스스로 생각하시는 그러한 대발견의 의의 등 하고 싶은 말씀 어떤 것도 좋습니다.

|왓슨| 감사합니다. 이 자리에 서니 먼저 당시의 상황이 떠오르는 군요. 제2차 세계대전 뒤 영국의 국민들은 전쟁의 승리로 자부심이 대단했고, 그러한 의식은 과학계에도 반영되었습니다. 예를 들어 제가 몸담고 있던 영국의 캐번디시 연구소는 세계 어느 곳에서도 볼 수 없는 학제 간 공동연구가 가능한 곳이었습니다. 캐번디시의 그러한 선진적인 환경 덕에 저는 그곳에서 감히 유전자

의 전령사 역할을 할 수 있었다고 봅니다. 저와 마찬가지로 크릭 역시 DNA 연구에 미쳐 있었는데, 아마 DNA 분자의 매력에 빠지신다면 아무도 거기에서 벗어나지는 못할 거라고 봅니다.

그러나 과학 분야에서 성공하기 위해서는 그러한 내면적인 이끌림 이외에, 외부적인 경쟁 역시 중요한 동기라고 봅니다. 경쟁심이 힘난한 실험 여정의 원동력이 되기도 하지요. 크릭과 저는 유전자로서 DNA의 정체를 규명해 그 신비를 밝히는 경쟁 게임에서 이기고 싶었어요. 저는 크릭과 만난 그날부터 유전자로서 DNA 문제의 중요성을 논의했어요. 시간과 장소를 가리지 않고 줄기차게 논의하고 서로 생각을 주고받았지요. 생명과학에 관한 자료가 충분치 못했던 당시였기에, 이론을 구축하는 데 사용할 실험 자료는 가능한 한 줄이고 대신에 과학적 상상력을 최대한 이용해 DNA 분자의 모델을 완성하기에 이르렀습니다. 이것은 누구에게나 가능한 것은 아니라고 봐요. 한마디로 말해서 저희의 발견은 DNA에 미쳐버린 광인들의 잔치의 소산이었습니다.

저는 DNA 구조의 발견이 과학계에 매우 중요한 화두를 던졌다는 데 커다란 의의를 삼고 싶습니다. 저희의 모델은 DNA 구조 규명 활동에 마지막 종지부를 찍은 것은 아니었습니다. 과학이란 최초의 누군가 탁월한 연구 주제를 제안하면 그 다음에는 진리를 캐는 움직임이 뒤따르기 마련이지요. 저희의 발견은 분자생물학 분야가 본격적인 성장과 확대로 나아가는 데 박차를 가했을 뿐입니다.

|사회| 말씀하신 대로 DNA 구조 발견으로 사실상 분자생물학의 원년이 시작되었다고 할 수 있습니다. 그러나 분자생물학의 응용인 생명공학 또는 유전공학은 서로 상반된 평가를 받고 있습니다. 어떤 이는 인류의 조상이 아프리카 유인원에서 진화를 시작한 이래 생명공학이 인류의 존귀함에 대한 가장 커다란 위협을 끼칠 가능성을 지니고 있다고 경고합니다.

급진적인 생명공학 연구, 특히 인간형질의 조작과 신체복제와 관련한 시도는 생명공학이 과거 나치 우생학의 유산을 물려받지 않을까라는 우려를 불러일으키기도 합니다. 또 다른 한편에서는 인간의 운명적 한계를 극복하고 자유와 해방을 가능하게 하는 새로운 날개를 달아줄 것으로 기대합니다. 이러한 유전자 사회가 가지는 함의에 대한 왓슨 박사님의 개인적 생각을 들어보겠습니다.

|왓슨| 1970년대 이후 다양한 세균에서 제한효소가 발견되자 DNA 절편을 연결하거나 재조합하는 DNA 재조합 기술이 가능하게 되었습니다. 이에 스탠리 코언과 폴 보이어는 포도상구균 staphylococcus의 유전자를 대장균에 도입해 새로운 융합 DNA를 만드는 데 성공했습니다. 즉, 자연 상태에서는 하나가 될 수 없는 두 생명체의 유전자를 유전자 재조합 기술을 통해 융합시키는 데 최초로 성공한 것이지요. 이러한 재조합 기술에 대해서 저는 적극적으로 찬동하는 태도를 유지해왔습니다.

|사회| DNA 혁명이 진행된 지난 50년 동안, 인간게놈프로젝트는 가장 최근에 일어난 놀라운 업적이자 혁명의 한 시대를 결산하는 하나의 커다란 봉우리라고 하겠습니다. 적어도 현재의 시점에서는 지난 반세기의 의의란 다름 아닌 분자생물학이 이 야심 찬 프로젝트의 완성을 향해 달려온 것에 있다는 착각마저 듭니다. DNA 혁명의 시작과 더불어 반세기만의 중간결산에도 참여하신 분으로서, 이 거대한 HGP의 의의를 정리해주십시오.

|왓슨| HGP의 성과로 인간은 약 3만 5천 개의 유전자를 가지고 있음이 밝혀졌습니다. 그 가운데는 나쁜 유전자도 있을 것이기 때문에 이것이 유전병으로 나타날 경우에 대비해 DNA 요법으로 예방치료가 가능할 것입니다. 현재의 고통을 줄이고 후손들을 선천적인 유전장애로부터 보호하기 위해서는 이런 질병을 일으키는 유전자들을 찾아 연구해야 한다는 것이 HGP의 궁극적인 모토라 할 수 있습니다. 즉 HGP가 의도하는 바는 유전자에 대한 이해와 질병에 대한 대응력을 높이는 것입니다. 당뇨병을 예로 들어 생각해보십시오. 당뇨병은 생활습관을 개선해 치료할 수 있다고 합니다만, 때때로 인슐린 보충이 필요할 것입니다. 인간게놈 연구는 결국 인슐린을 생성하는 유전자의 본질을 파헤치고 응용하고자 하는 것입니다. 마찬가지로 비만 유전자도 그런 경우에 해당될 것입니다.

|사회| 그렇다면 유전병을 치료하는 구체적인 방법과 관련해 질

문드리겠습니다. 유전병 중에는 세포를 하나하나 공격해서 특정한 조직을 죽이는 것이 많습니다. 예를 들어 헌팅턴병이나 뒤센근이영양증^{Duchenne's muscular dystrophy, DMD}의 경우가 그러합니다. 이러한 유전병을 막는 방법과 관련해 DNA를 이용한 어떠한 방법이 사용될 수 있는지 예를 들어 설명해주십시오.

| 왓슨 | 줄기세포를 이용해서 이런 질병을 치료할 수 있다고 합니다. 몸에 있는 세포들은 대부분 자신을 복제하는 일밖에 하지 못합니다. 예를 들어 간^肝세포로 만들 수 있는 세포는 간세포에 한정되어 있습니다. 하지만 줄기세포는 분화해 있는 다양한 세포들을 생산할 수 있습니다. 수정란은 최대의 잠재력을 지닌 줄기세포로 216종류나 되는 모든 인간세포를 만들어냅니다. 따라서 어른의 몸보다 배^{胚, embryo}에서 얻는 것이 가장 쉽습니다. 한국이 배아줄기세포 연구의 강국이니 훌륭한 성과 기대합니다.

| 사회 | 마지막 질문 드립니다. 박사님께서는 콜드 스프링 하버 연구소에서 유전자 차원에서의 암 정복 연구를 앞장서서 지휘하셨습니다. 그렇다면 선생님께서는 생명의 신비 자체를 추구하는 상아탑의 학자라기보다는 유전자 연구가 가져다줄 잠재적 효용에 대한 적극적인 활용의지를 가지고 이에 앞장서고 계신 현실의 개척자임이 분명

○ 뒤센근이영양증
디스트로핀(dystrophin)이란 유전자가 정상적으로 작동하지 못하기 때문에 발병한다. 근육이 약해지고 보통 20세 이전에 사망하게 된다.

한 것 같습니다. 그러나 어떠한 학문적 연구 성과를 실제로 적용할 때는 일반적으로 그에 수반되는 위험성이 항상 함께 존재한다고 봅니다. 특히 유전자 연구처럼 인간의 존재 자체와 삶 전반에 직접적으로 연관되는 분야의 연구는 그러한 우려가 더욱 커질 수밖에 없다 하겠습니다. 이에 대해 말씀해주시겠습니까?

|왓슨| 저는 유전자의 올바른 이해에 기초해 합당한 사회적 적용이 필요하다고 봅니다. 다만 이 경우에 유전자 연구가 유전자에 따른 인간의 차별로 이어진다는 성급한 오해는 하지 않았으면 합니다. 사실 저는 HGP가 본격적으로 착수되었을 때 연구비 예산의 5%를 ELSI, 즉 윤리적, 법적, 사회 함의 프로그램에 투입하도록 중요한 역할을 했음을 기억해주시기 바랍니다. 적절한 감시와 견제는 유전자 연구에서 반드시 필요하며, 제도적으로 이를 보장함으로써 예상되는 피해와 우려를 씻을 수 있다고 믿습니다.

James Watson

Chapter **4**

이슈
ISSUE

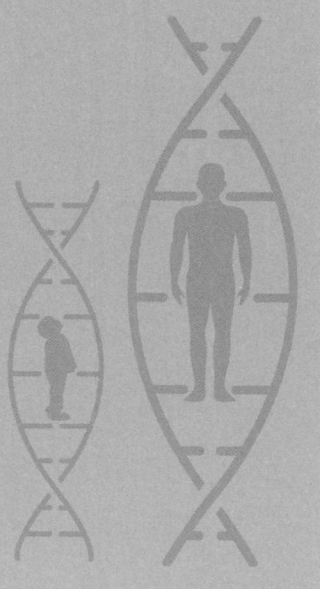

Francis H. C. Crick

―――― 이슈 1 ――――

게놈 시대의 도래

DNA 구조 발견 50주년, 인간게놈프로젝트의 완결

1953년 왓슨과 크릭이 DNA의 이중나선 구조를 발견한 이래 정확히 50년이 지난 2003년, 인류는 인간게놈프로젝트^{HGP}의 완결이라는 또 하나의 쾌거를 맞이하게 되었다. 게놈^{genome}이란 유전자^{gene}와 염색체^{chromosome}의 합성어로, 한자어로는 유전체^{遺傳體}라는 용어로 표기된다. 게놈은 한 개체가 지닌 유전자(물질적으로는 DNA) 세트를 말한다. 이는 생명현상의 유지와 모든 형질의 발현에 필요한 하나의 단위다.

인간의 게놈 내 유전자정보, 즉 인간의 23쌍의 염색체 안에 어떤 유전자가 어느 위치에 존재하는지, 그리고 이들 유전자가 어떤 염기 서열로 이루어져 있는지를 담은 지도가 바로 유전자 지도다. HGP는 바로 이 유전자 지도를 제작하기 위한 거대 프로젝트로, 미국이 중심이 되어 1988년부터 준비 단계를 거쳐 1990년에 실제 시작되었으며, 최종적으로 프랑스·영국·일본 등 15개국이 합류했다.

처음에 15년을 예상한 이 프로젝트는 전 세계 20여 개의 실험실과 수백 명의 연구자들이 참여해, 예상보다 빠른 2003년에 미국의 빌 클린턴^{Bill Clinton, 재임 1993~2001} 대통령이 유전자지도의 완성을 선포하기에 이르렀다. 이미 2001년에 유전자지도의 초고가 유명한 두 과학잡지인 《사이언스》와 《네이처》에 공개되었을 때 염기서열의 90% 이상이 밝혀졌으며 거의 99.9%의 정확성을 확보한 상태였다.

HGP가 밝혀낸 진실

HGP가 밝혀낸 바는 사람들을 놀라게 했다. 인간의 게놈을 이루고 있는 유전자 수는 과거 5만 개(또는 10만 개)로 추정하던 것보다 훨씬 적은 3만 5천 개 정도에 지나지 않는다는 것이다. 하나의 유전자, 즉 DNA에는 평균 3천 개 정도의 염기쌍이 존재하지만, 근육 단백질인 디스트로핀^{dystrophin}을 암호화하는 유전자의 경우 무려 240만 개의 염기

◆ **디스트로핀**
근육의 정상적인 기능 수행에 절대적으로 필요한 단백질로, 근육세포의 세포막을 지지하고 안정시키는 데 관여하는 중요한 역할을 한다. 디스트로핀이 X염색체에 존재하기 때문에, 디스트로핀에 이상이 생기면 발병하는 뒤센근이영양증은 남성에게만 나타난다.

쌍을 가지고 있음이 드러났다.

아마도 가장 흥미로운 사실은 인간의 유전정보가 전체 DNA 중 겨우 2.5%에만 걸쳐 있다는 사실일 것이다. 사람의 세포 한 개에 존재하는 DNA를 늘어뜨릴 경우 그 길이는 2미터 정도가 되는데, 이 가운데 유전정보가 존재하는 구간의 길이는 겨우 5센티미터 안팎이라는 것이다. 나머지 부분은 진화 과정에서 방치되어 아무런 유전정보가 없는 쓰레기 DNA, 이른바 정크 DNA인 것이다. 이 정크 DNA는 길이가 제각각이고 아무런 기능을 하지 않는 부분이며 같은 서열이 되풀이되어 나타나는 곳도 많다. 그러나 사막에서 오아시스를 발견하는 것처럼, 고도로 보존된 염기 서열의 기능을 하는 이 정크 DNA야말로 생명체에 매우 중요한 풀리지 않는 수수께끼를 지니고 있다고 과학자들은 예상하고 있다.

예를 들어 정크 DNA 일부는 염색체의 형태 보존을 돕는 것으로 알려져 있다. 동시에 일부는 근처에 있는 정교한 유전적 스위치를 켜고 끄기 위해 단백질에서부터 신호를 받는 자동조절장치에 해당하는 기능을 수행하기도 한다. 예를 들어 어느 두 사람이 똑같은 유전자를 갖고 있다 하더라도 이 둘의 형질이 다르게 나타날 수 있는 것은, 유전자의 스위치가 켜졌느냐 꺼졌느냐에 따라 해당 형질이 발현이 되느냐 안 되느냐가 결정되기 때문이라는 것이다. 또 하나 흥미로운 점은 성염색체 가운데 Y염색체의 특징이다. 이는 가장 작은 유전자 수를 가지고 있을 뿐만 아니라 쓸모없는 DNA로 가득 차 있어서 유용한 분자를 만들도록 지시하는 암호가 아예 없다는 것이다.

인간을 복잡하게 만드는 것

HGP의 결과로 인간의 유전자 수가 예상보다 훨씬 적은 3만 5천 개에 지나지 않음이 밝혀졌지만 과연 이 3만 5천 개라는 숫자가 주는 의미는 무엇일까? 초파리는 예를 들어 1만 3천여 개의 유전자를 갖고 있으며 식물 연구의 모델식물로 사용되는 애기장대 Arabidopsis thaliana는 약 2만 6천 개의 유전자를 가지고 있다. 그런데 인간 유전자의 수는 3만 5천 개로 이들과 그다지 차이가 없다니. 심지어 쥐는 인간과 거의 비슷한 유전자를 가지고 있는데, 사람과 쥐의 차이는 단백질의 다양성을 초래하는 300여 개의 유전자 때문이라는 것이다.

유전자 수 이외에도 인간의 복잡성을 가져오는 요인은 있다. 유전적 스위치를 켜고 끄는 기능을 하는 전사인자 transcription factors 라고 불리는 단백질의 수에 달려 있다는 것이다. 고등 척추동물의 유전자는 더 단순한 생물의 유전자보다 훨씬 정교한 스위치 집합을 통해 복잡하게 조율되기 때문이다. 이밖에도 인간 유전자 60%는 선충의 22%에 비해, 2개 이상의 단백질을 암호화한다고 한다. 이런 결과는 접합절단 splicing에 따른 유전자 발현의 다양성이 나타나는 것이었다. 그 과정은 다음과 같이 이루어진다.

DNA 주형에서부터 전사된 RNA가 전령 RNA(mRNA)가 되는 일련의 과정에서 이른바 '미성숙 mRNA'의 시작은 인트론을 접합해준다. 이때 때때로 유전자들이 잘리고 버려지는 재조합이 일어나기도 하는데 이를 교대성 접합절단이라고 한다. 이러한 과정을 통해 나타난 mRNA는 형태와 기능이 다양한 단백질 엑손을 갖게 된다. 다시 말해서 교대성 접합절단이라는 과정을 통해서 각기 다른 엑손들이 이어 붙어 조금씩 다른 단백질이 만들어진다는 것이다. 단백질이 만들어진 뒤에는 생화학적 변형이 이루어지거나 해서 유전자 하나에서 단백질이 추가로 만들어질 수도 있다.

HGP의 의의와 게놈 자료의 활용 방안

다시 HGP 이야기로 돌아오자. HGP로 파악된 인간게놈 내의 염기 서열은 인류의 유전자 역사를 고찰하는 중요한 계기를 만들어주었다. 예를 들어 유전자 중복$^{gene\ duplication}$ 때문에 유전자들은 여분의 유전자 복사본을 가지고 있고 이는 세포분열과 생식체 형성$^{gamete\ formation}$이 이루어지는 동안 돌연변이나 DNA 손상을 통해 중요한 기능이 없어지지 않도록 돕고 있다. 유전자 중복은 유전량의 증가나 유전자의 위치 효과에 따른 형질발현의 특이적 영향에 따라서 생물의 적응치를 높이는 경우도 있을 수 있다.

게놈에 담겨 있는 자료를 섭렵하는 것은 엄청난 계산력을 요구하며, 이는 생명정보학^{bioinformatics}이라는 새로운 분야의 등장으로 이어졌다. 비록 이러한 작업이 엄청난 노력을 요구하는 힘든 작업이지만, 과학자들에겐 도전정신을 불러일으키는 매력적인 목표로 남아 있다.

유전자 지도가 완성되기 전 생물학자는 생체분자 간의 복합적이고 끝없는 상호작용을 밝히는 생물학의 복잡함을 이해하는 데 절대적인 한계를 느꼈다. 그러나 이제 게놈 자료가 깨끗하게 정렬된 상태로 제공되어 얼마든지 참조가 가능하다. 이러한 관점에서 게놈 연구는 현대 생물학의 핵심 키워드가 되어가고 있다. 또한 게놈을 활용하는 방식은 단순히 단백질의 상호작용을 분류하기보다는 특정 질환의 치료 같은 실용적인 목적을 가지고 있었다.

현재 진행형인 연구들

최근 인간을 비롯한 여러 생명체들의 게놈 연구가 잇따르고 있다. 예를 들면 2002년에 쥐의 게놈 염기 서열이 발표되면서 쥐와 인간이 공통으로 지니는 질환의 원인이 되는 유전자를 규명할 수 있게 됐다. 동시에 치료제의 임상 시험 대상으로서 쥐를 활용할 수 있다는 이점이 있다. 실제로 쥐는 인간 생물학 연구를 위한 매우 중요한 대리체다. 비록 쥐와 인간의 조상이 7,500만 년 전에 분기되었지만 인간과 쥐를 포함한 설치류의 유전자는 겨우 300여 개밖에 차이가 나지 않는다. 이는 인간게놈 전체 유전자

3만 5천 개의 1%도 안 되는 것이다.

　현대 유럽의 분자생물학계에서는 생쥐의 유전자 지도를 활용해 인간 배아와 태아 발달이 이루어지는 동안 어느 유전자의 스위치가 켜지는지를 파악할 수 있게 되었다. 예를 들어 쥐의 대뇌, 심장, 얼굴, 손가락이 형성되는 동안, 인간의 21번 염색체에 해당되는 쥐의 염색체에 존재하는 유전자들이 활성화되는 것이 발견되었다. 쥐의 이 부위들은 다운증후군을 앓고 있는 인체의 부위와 정확하게 일치하는 것으로, 이로부터 인간의 다운증후군이 21번 염색체의 장애로부터 발생함을 유추할 수 있었다. 실제로 다운증후군은 21번 염색체가 3개 존재함으로써 발생한다. 이상의 사례는 설치류의 게놈 연구가 인간의 질병 퇴치에 기여할 가능성을 보여주는 것이다.

　일본 요코하마에 있는 이화학연구소^{RIKEN} 과학자들은 설치류에 만족하지 않고 인류와 가장 가까운 침팬지 게놈의 염기 서열화 작업에 매진하고 있다. 인간과 침팬지가 게놈의 99%를 거의 공유하기 때문에, 인간과 침팬지의 유전자를 비교하는 것은 인간이라는 독특한 종을 이해하는 최고의 방안으로 일컬어지고 있다. 생명체의 게놈 분석 경쟁이 전 세계적으로 지속되면서 인류의 진화를 이해할 수 있는 전례 없는 기회가 제공되고 있다.

　쥐와 침팬지 다음으로 꿀벌·닭·소·캥거루 등도 게놈 분석의 대상으로 등장했다. 미생물 중에서는 선페스트(흑사병) 질병의 매개체와 폐 병원체를 포함해 70여 종의 박테리아의 염기 서열 분석이 진행되고 있다. 과학자들은 박테리아 게놈 연구가 결국 질병의 원인 규명은 물론 질병 퇴치에 도움을 줄 것으로 기대한다.

오늘날 다양한 생명체들에 대해 진행되고 있는 게놈 프로젝트들은 그 각각의 생명체의 염기 서열의 규명뿐 아니라 생명체 간의 비교 연구를 가능케 한다는 측면에서 더욱 중요하다. 왜냐하면 게놈 연구에서 어느 특정 생명체의 게놈 데이터라는 한 우물만 파는 것보다는 여러 우물들의 연관성을 규명하는 것, 예를 들어 우물들을 연결하는 지하수맥도를 그리는 것이 데이터 분석을 용이하게 해주기 때문이다. 달리 말해 이는, 현재 어떠한 생명체가 보여주는 유전자의 특징은 여러 생명체의 유전자들의 상호 유사성에 의해서도 규명될 수 있다는 뜻이다. 진화의 역사에서 두 가지 동식물이 나뉜 지 오래되면 될수록, 오늘날 이들이 공유하는 유전자는 에너지 대사작용 같은 중요한 생명 유지 과정에 관여하게 된다. 따라서 수많은 생명체의 게놈이 보여주는 유사성은 DNA 염기 서열 탐구를 위한 생물학자의 가장 중요한 도구가 되고 있다.

―― 이슈 2 ――

유전자 검사로 질병에 대비하라

자손에게까지 전해지는 헌팅턴병과 낭포성섬유증

베네수엘라의 마라카이보 호수 근처 루이스 마을에는 헌팅턴병이라는 유전병을 앓고 있는 사람들이 모여 산다. 헌팅턴병은 뇌 기능이 서서히 퇴화해 자기 자신과 사랑하는 사람들에 관한 기억을 서서히 잃어가는 끔찍한 신경질환이다. 이 병에 걸린 사람은 처음에는 걸음을 제대로 걷지 못하게 되지만, 심해지면 무의식적으로 팔다리가 돌발적으로 움직이는 증상이 계속 나타난다. 결국 발병 후 15~20년 이내에 냉혹하게 죽음을 맞이하게 되는 이 병에는 근본적인 치료약도 치료법도 없다.

이 마을에 나타난 무서운 질환에 관심을 기울였던 미국 국립보건원의 유전학자 낸시 웩슬러$^{\text{Nancy Wexler, 1945~}}$는 1978년부터 헌팅턴병에 걸린 개인과 가족 등 1천여 명의 기록을 조사한 결과,

이들이 모두 1800년대에 사망한 한 여자의 후손들임을 밝혀냈다. 이에 웩슬러는 2천여 명의 헌팅턴병 환자들의 DNA 샘플을 채취해서 상세히 비교·검토한 결과 마침내 1993년에 4번 염색체의 이상을 발견했다.

헌팅턴이라고 이름 붙은 그 비정상적인 유전자는 아미노산인 글루타민이 반복적으로 늘어진 긴 가닥의 단백질을 생성한다. 이것이 신경세포 안에서 단백질이 응집되도록 만들어 결국 신경세포를 퇴화시켜버리는 것이다. 헌팅턴병은 이른바 우성의 성질을 지니는 질환으로, 4번 염색체상에서 돌연변이 유전자를 하나만 가져도 발병된다. 즉 정상유전자(H)를 둘 가진 사람(HH)만이 이 병을 피할 수 있다. 하지만 돌연변이(h)를 둘 가진 사람(hh)이나 하나라도 가진 사람(Hh)은 이 병에 걸리게 되어 있다. 또한 헌팅턴병은 이른바 선구자 효과$^{founder\ effect}$를 보여주는 대표적 사례로 한 개인에게 일어나는 질병 유발 유전자가 자손들에게 50% 이상 전달률을 보인다.

가장 흔한 치명적인 유전병으로 낭포성섬유증$^{cystic\ fibrosis,\ CF}$이 있다. 낭포성섬유증에 걸리면 폐에 점액이 가득 차 숨을 쉬기가 어려워진다. 그리고 폐기관의 벽을 이루고 있는 세포들이 점액을 청소할 수 없기 때문에 그곳에 세균이 번성하면서 폐에 감염 증상을 유발해 30세 무렵에 조기사망하게 되는 질병이다. 세포막을 통해 염소 수송에 관여하는 단백질을 암호화하는 비정상적인 유전자가 원인이 되어 발병하는 이 병은 양쪽 염색체에 있는 유전자에 둘 다 돌연변이가 일어나야(hh) 증상이 나타나는 열성

유전 양상을 보인다. 하지만 유럽 계통의 백인 25명 가운데 1명 정도가 비정상적인 낭포성섬유증 유전자를 가지고 있다. 따라서 설령 자신은 정상유전자를 하나 가지고 있어(Hh) 이 병이 발병하지 않는다 해도 또 다른 잠재보유자(Hh)와 결혼하면 그 아이들은 이 병이 발병할(hh) 가능성이 매우 높은 것이다.

단일유전자 장애의 규명과 새로운 희망

헌팅턴병이나 낭포성섬유증은 모두 단일 유전자상의 돌연변이로 인해 질병이 유발되는 경우로, 이를 단일유전자 장애$^{single\text{-}gene\ disorder}$라 한다. 1980년대 중반 이후 100여 개 정도의 단일유전자 장애의 발생 메커니즘이 밝혀졌다. 이러한 결과로 임신여성들이 유전병의 위협에 노출된 출산을 피하는 데 도움을 받게 되었다. 예를 들어 염색체 21번이 3개 있어 발생하는 장애, 전문용어로는 21번 3체성으로 불리는 다운증후군 같은 장애는 양수 검사를 통해 출산 전에도 미리 테스트할 수 있다. 양수에는 태아의 몸에서 떨어져 나온 세포가 포함되어 있기 때문이다.

양수검사 이외에 융모막 검사도 사용된다. 이는 임신 10주째에 자궁 벽에 붙어 있는 태반의 일부인 융모막에서 세포를 떼어내서 검사하는 방법으로, 서구권에서는 35세 이상의 어머니들이 흔히 이용한다. 양수 검사와 융모막 검사 결과는 부모에게 태아의 유전병 발병 여부를 판단할 수 있는 중요한 정보를 제공해준다.

그러나 이러한 태아 검사는 해당 유전병에 양성 판정을 받은 태아의 어머니에게는 단호한 선택을 요구한다. 즉 '낙태할 것인가, 말 것인가'의 문제다. 적어도 임신 15주까지는 양수 검사를 할 수 없는데, 이 시기 이후의 태아는 이미 사람의 형체를 갖춘 작은 생명으로, 낙태 역시 마음의 상처를 수반할 수밖에 없다. 낙태를 완전히 반대하는 부모들은 상관이 없겠지만 대다수 부모들의 경우, 유전 검사를 받고 난 뒤 어려운 선택을 해야 한다면 그 선택 시기를 가능한 한 앞당기고 싶어한다. 그래서 착상 전 유전자 검사 Preimplantation Genetic Diagnosis, PGD라는 개념이 생겨났다. 현재의 최첨단 기술인 시험관 수정 in vitro fertilization, IVF에 바탕을 둔 DNA 진단을 결합시켜서 자궁에 착상하기 전 배아의 유전적 상태를 진단하는 방법을 개발한 것이다.

시험관 수정을 하면 수정란이 몇 개 생기고 이 수정란들은 연구실에서 서너 차례 분열해 8~16개의 세포 덩어리가 될 때까지 자란다. 그때부터 세포 하나는 태아의 발달에 해를 주지 않고서도 비정상적 염색체 내지 유전자 돌연변이의 존재를 분석하기 위해 끄집어내 사용할 수 있다. 오로지 정상배아만이 선택되어 어머니의 자궁 속에 착상되는 것이다. 이제는 낭포성섬유증·헌팅턴병·겸상적혈구성빈혈·뒤셴근이영양증을 포함한 다양한 단일유전자 장애가 태아에 발병할 것인지 여부를 미리 알고 대비할 수 있게 되었다. 이는 생명 이전의 단계에서 낙태가 가능해졌음을 뜻한다.

다인자장애를 정복하라

그러나 단일유전자 장애는 비록 그 형태가 다양하다고 할지라도 발병하는 사례는 상대적으로 드물다. 오히려 문제는 다수 유전자들의 상호작용으로 질병이 나타나는 '다인자 polygenic' 장애다. 예를 들어 오늘날 어린이들에게도 증가하고 있는 비만은 과다한 식품 섭취와 운동 부족이라는 현대의 생활습관이 주요 원인일 수 있지만, 동시에 유전적 영향의 결과일 수도 있다. 연구에 따르면, 체중은 신장과 마찬가지로 유전되어 체지방 축적의 80% 정도는 유전자에 의해 결정된다. 또한 비만의 발병 원인과 관련해 체내에서 인슐린을 충분히 만들지 못하거나 인슐린 사용이 잘 안 되는 타입의 당뇨병에 심장병 같은 합병증을 초래하는 유전자의 존재가 중요한 연구 대상이 되고 있다. 즉, 비만의 발병에는 다수의 유전자들이 상호관여하고 있다는 뜻이다.

비슷한 논리가 심장병, 암, 정신분열증, 기타 정신장애를 포함해 다양한 질병에도 적용된다. 이러한 질병은 모두 식품, 화합물, 호르몬과 감염을 비롯한 외부적 환경요소에 의해 어느 정도 유전자 수준에서 영향을 받는다. 따라서 비만을 포함한 다인자 장애는 우성유전과 열성유전의 엄격한 멘델식 규칙을 따르지 않는다. 다수 유전자가 관여하는 형질을 규명하기는 쉽지 않은데, 이는 형질발현과 관련해 각각의 유전자가 지니는 영향력이 미미하여 유전자 외에 환경까지도 형질 전체에 끼어들기 때문이다.

1994년 12월 록펠러 대학의 과학자 제프리 프리드먼 Jeffrey M.

Friedman, 1954~ 은 지방 조직에서 분비되는 음식섭취 조절 호르몬을 발견했다. 렙틴leptin으로 불리는 이 호르몬이 없는 쥐들은 왕성한 식욕을 발휘해 이내 뚱뚱해졌다. 반면 뚱뚱한 쥐에게 렙틴을 투여했더니 쥐의 식욕이 감퇴되어 체중이 정상으로 돌아왔다. 그러나 인간의 경우는 쥐처럼 단순하지 않았다. 예를 들어 지방 조직이 많은 비만인은 조사 결과 오히려 렙틴 분비량이 충분했는데도 계속 음식을 먹게 된다는 것이다. 프리드먼은 이를 자신의 체지방 조직이 분비하는 렙틴에 대한 내재적인 민감성에 따른 것으로 해석했다. 따라서 비만인들은 높은 분비량의 렙틴에 대해 정상치를 유지해 식욕을 감퇴시킴으로써 렙틴의 신호에 반응할 수 있다는 것이다.

실제 한 조사 결과에 따르면, 렙틴 유전자 치료가 별 효과가 없다는 추측도 제시되었다. 사람은 쥐보다 체계가 훨씬 복잡한 존재라는 관점에서 사람의 비만은 유전적·정신적·사회적 요인 등 여러 복잡한 요인 때문에 발생하는 것이다. 그럼에도 렙틴 비만 방지 호르몬은 체지방 제거에 연관된 유전자 연구에서 중요한 단계를 열었다.

암 정복은 유전자 검사로부터!

1970년대에 이르러 암과의 전쟁이 화두가 되면서 과학자들에게는 암의 원인이 되는 수백여 개의 돌연변이에 대한 연구가 시급한 과제로 떠올랐다. 여기에 DNA 마이크로어레이$^{DNA\ Microarray}$ 기술의 등장은 많은 유전자들의 활동을 동시에 볼 수 있는 기회를 제공했다. 현미경 슬라이드 위에 3만 5천 개의 작은 홈들이 격자를 이루고 있다고 상상해보자. 그리고 각 홈에 각기 다른 유전자의 DNA 서열을 넣어보자. 그러면 하나의 슬라이드에 인간의 유전체에 있는 모든 유전자들이 들어 있는 셈이다. 여기서 중요한 것은 어느 유전자가 어느 홈에 들어 있는지 알고 있어야 한다는 것이다. 이 격자를 축소시켜 작은 컴퓨터칩크기의 판 위에 새겨 넣음으로써 이른바 DNA칩이 만들어졌다. 바로 이 슬라이드 위에 암 검사 대상자의 시료를 반응시켜보면 대상자가 암 관련 DNA를 지니고 있는지 여부를 알 수 있다. 지금까지 개발된 DNA 마이크로어레이 기술로 시험관 유방암 세포들을 구별할 수 있으며, 어떤 환자에게 좀더 공격적인 치료가 필요한지 구별해낼 수 있다. 마이크로어레이 기술은 백혈구 세포의 암인 림프종^{lymphoma}에 대해서도 어떤 환자가 여러 가지 의약품에 어떻게 반응하는지 예측하는 데 사용할 수 있다.

이러한 가운데, 영국 케임브리지의 웰컴 트러스트 생어$^{Wellcome\ Trust\ Sanger}$ 연구소의 분자생물학자 마이크 스트래턴$^{Mike\ Stratton}$은 암 게놈계획$^{Cancer\ Genome\ Project}$을 통해 암과 관련한 새로운 돌연변이 유전자를 규명하고 있다. 프로젝트를 시작한 지 9개월 만인 2002년 그의 연구팀은 멜라노마^{melanoma} 피부암 발병 경험이 있는 사람들 가운데 80%가 돌연변이에 의해 발병했음을 밝혀내기도 했다. 이제는 암 유전자 검사를 통해 무슨 암에 걸릴지 예측이 가능한 시대가 되었다. 자신의 유전자를 안다는 것은 곧 유전자에 담겨 있는 불행한 운명에 대해 미리 인지함으로써 거기에 대비할 수 있는 시간과 기회를 확보하는 것을 의미한다. 그런 의미에서 유전자 검사는 적어도 무지無知로 인한 안타까운 불행에서부터 인간을 해방시켜줄 수 있는 강력한 도구라 할 수 있는 것이다.

이슈 3

DNA를 둘러싼 윤리적인 이슈

줄기세포 연구를 둘러싼 논란

최근 몇 년 동안 빠르게 발전을 거듭하고 있는 인간 배아줄기세포embryonic stem cell 연구는 항상 윤리적 딜레마를 수반하고 있다. 배아줄기세포는 배아의 발생 과정에서 추출한 세포로, 모든 조직의 세포로 분화될 수 있어 활용 가능성이 무한한 만능세포다. 따라서 부상이나 질병 등으로 신체 조직이 손상되었을 경우 배아줄기세포를 바로 그 손상이 일어난 것과 똑같은 조직으로 분화시켜서 그 조직을 재생하는 데 이용할 수 있다. 이는 이론적으로 모든 장기나 손상 조직의 대체를 가능케 하기 때문에 불치병의 치료나 장애 극복을 위한 가장 근본적인 해결책을 제시해줄 것으로 기대되고 있으며, 그 경제적 가치 역시 엄청날 것으로 평가받는다.

그러나 이를 위해선 정자와 난자가 융합된 수정란이 신체기관으로 전환되기 이전에 분화를 멈춘 배아 단계의 세포인 줄기세포가 필요하다. 따라서 그대로 내버려둘 경우 하나의 생명으로 발달될 배아를 불가피하게 파괴해야만 하는 것이다. 비록 배아줄기세포 연구의 목적이 불치병과 난치병을 해결해 인간의 고통을 줄이는 데 있지만, 인도적인 목적을 위해 또 하나의 비인륜적 행위를 범한다는 측면에서 논란의 대상이 되어왔다. 말하자면 배아줄기세포를 도구 삼아 재생의학의 과학적 비전을 수립하려는 것은 분명 공감할 만한 목적이 있기는 하지만 배아 파괴라는 수단까지 정당화할 수 있느냐 하는 것이 문제가 된다. 게다가 실제로 배아는 향후 인간이 될 수 있는 가능성이 있는 세포지만 현재 단계에서도 인간일 수 있다는 논란에 대해 명확한 판단을 내릴 수 있는 실험실 연구 또한 없다. 다만 과학자들의 도덕적 합리성에 의존하고 있을 뿐이다. 윤리란 구체화되거나 강제화된 지식의 체계가 아니기 때문에, 윤리적 판단에 관련한 문제를 전적으로 개개인의 자율적인 의지에 맡겨두기란 개인이 판단을 잘못하거나 악용할 수도 있어 그 위험성이 크다 하겠다.

모르는 것이 약일 때도 있다?

앞에서 무지와 무대책에 따른 고통을 피하는 데 도움을 준다는 측면에서 유전자 검사의 긍정적인 면에 대해 기술했다. 그러나 조금 다른 예를 들어보자. 헌팅턴병으로 고통받고 있는 환자는 잠재적으로 위험 유전자를 후손에게 대물림하는 것과 같다. 이 환자는 과연 그가 이 유전병을 앓고 있는 것을 가족이나 친지들에게 알려야만 하는 걸까?

예를 들어 20대의 한 남성이 헌팅턴병 검사를 받기 위해서 병원을 찾았다고 가정해보자. 그의 할아버지는 헌팅턴병으로 돌아가셨고, 40대인 그의 아버지는 충격을 무릅쓰고 발병 가능성에 대해 확실히 알기보다는 차라리 50 대 50이라는 불확실성을 안고 모르는 채 살아가겠다면서 검사를 받지 않았다. 헌팅턴병은 비교적 늦은 나이에 찾아오기 때문에, 젊은이의 아버지는 비록 아직까지 증상이 나타나지는 않았지만 헌팅턴병을 일으키는 돌연변이 유전자를 가지고 있을 가능성도 있다. 젊은이는 자신이 그 돌연변이를 지니고 있을 확률, 따라서 앞으로 헌팅턴병에 걸릴 확률이 4분의 1이라는 것을 알고 있다. 그는 정말로 자신의 발병 가능성에 대해 확실히 알고 싶어한다. 그런데 문제가 하나 있다. 그가 정말 그 돌연변이를 지니고 있다면 그는 그 돌연변이를 아버지에게서 물려받은 것이 틀림없다. 따라서 그의 아버지도 틀림없이 그 병에 걸릴 것이라는 확실한 추론을 할 수 있다.

이 경우 자신이 질병 유전자를 보유하고 있는지 알고 싶은 아들의 욕구는 병이 있는지 없는지 모르는 채로 살겠다는 아버지의 소박한 소망을 즉시 무너뜨리는 셈이 된다. 검사 문제를 놓고 식구끼리 갈등이 심해지자 결국 참다 못한 어머니가 나서서 아들이 검사를 받지 못하도록 막았다. 그녀는 무언가 알고 싶다는 아들의 욕구가, 끔찍한 죽음의 선고를 받을지 모르는 상황만큼은 피하겠다는 남편의 권리에 비하면 중요하지 않다고 생각한 것이다. 바로 유전적 진단이 지니는 미묘한 특이성이 여기에 있다. 내가 내 유전자에 관해서 알게 되는 지식은 내 생물학적 친척들에게도 의미를 지닌다. 그들이 알고 싶어하든 말든 간에 상관없이 말이다. 질병 유전자의 보유를 모른 채 마음만은 편하게 살아가고 싶건, 아니면 그 반대로 적극적으로 질병을 파악해 대비해가며 건강하게 살아가고 싶건, 그러한 선택의 영향은 나에게만 한정되지는 않는다.

나의 유전자 검사가 나만의 개인적인 문제가 아님을 알려주는 사례는 또 있다. 개인의 유전 신상 자료는 때때로 그 자신에게 불리하게 작용할 수도 있다. 특히 최근에 확인된 바로는 보험회사들이 특정 유전병이 의심되는 고객에 대해서는 불리한 규정을 적용한다는 것이다. 한 개인의 유전정보에 대한 지식은 그것이 점점 더 정교해지고 활용가치가 커질수록 한편으로는 열어서는 안 될 판도라의 상자가 되어가고 있다.

써야 할 이유? 쓰지 말아야 할 이유?

DNA가 실제 세계로 파고든 사례로 DNA 지문을 들 수 있다. 혈액이나 체액, 모근 등으로부터 추출한 DNA를 분석하면 마치 '지문'처럼 개개인별로 고유한 모양의 줄무늬를 얻을 수 있다.

DNA 지문의 분석을 통해 개인의 유전적 형질을 명확하게 알 수 있으므로, 친자 확인이나 범죄자 색출에 활용되고 있으며 쌍둥이의 일란성 여부를 판단하는 것도 가능하다. 이 정보는 조직을 이식할 때, 예를 들어 골수이식이 적합한지 여부를 판단하는 데도 쓰일 수 있다. 이 기술은 심지어 사람 이외의 생물에도 적용되어, 생물이 서로 어떻게 관련되어 있는지 파악할 수도 있다. DNA 지문과 관련해 이런 식의 응용 분야는 끝이 없어 보인다.

현재 DNA 지문의 활용에 가장 앞장서고 있는 곳이 바로 경찰청이다. 경찰청은 기존의 지문 자료처럼 DNA 자료도 데이터베이스화하고 있다. 여기에 대해 인권옹호론자들은 격렬하게 항의를 하는데, 거기에는 그럴 만한 이유가 있다. DNA 지문이 '지문'이라는 이름을 갖고 있긴 하지만 손가락의 지문과는 차원이 다르다. DNA 표본은 신원 확인 증거보다 훨씬 많은 것을 말하기 때문이다. 예를 들어 DNA 지문의 주인이 특정한 유전병을 가지고 있는지 등의 신체 관련 정보가 DNA 지문을 통해 고스란히 드러날 수 있다. 어쩌면 미래의 정부는 국민의 DNA 지문에 담긴 정보를 통해 국민 개개인에 대해 이전보다 훨씬 더 많은 사실을 파악하게 될지도 모른다. 과연 우리는 의무적으로 DNA 표본을 제공해야 할까? 또 이런 표본을 보관하는 권위는 누구에게서 오는 것인가?

식량 문제로 눈을 돌려보자. DNA 조작 기술이 현실적인 모습으로 우리에게 모습을 드러낸 것은 바로 유전자변형작물^{GMO}이었다. 무르지 않은 플레이버세이버^{FlavrSavr®} 토마토, 제초제 내성

라운드업 레디Roundup Ready 콩, 비타민 A 강화 황금쌀 등의 개발과 재배는 식탁의 풍요에도 기여하고 세계의 기아 문제를 해결하는 긍정적인 측면이 있는 반면에 연구의 자유 문제와 환경 파괴에 대한 윤리적 논란도 제기되고 있다. GMO를 두고 '좋은 과학 대 나쁜 과학'이라는 양극화된 잣대로 측정하기란 쉽지 않다. 다만 유럽 일부에서는 GMO가 유발할 수 있는 건강과 환경에 대한 위험성의 본질과 심각성에 대한 확실한 과학적 증거가 확보될 때까지 잠정적으로 시장 출하를 허가하지 않는 신중한 접근 방법인 '사전 예방 원칙'을 제시하고 있다. 한걸음 더 나아가 GMO 기술을 전면 금지해 최소한의 위험성마저 원천봉쇄하려는 고도의 윤리적 자물쇠가 요구되기도 한다.

유토피아와 디스토피아의 경계에서

우리는 인간 배아줄기세포 연구와 유전자 치료를 위시한 생명과학, 특히 DNA 과학으로 총칭되는 분야에 내포된 윤리적 이슈를 공공의 차원에서 공론화할 기회가 충분하지 않았다. 이미 맞춤아기, 유전자변형작물, 약리유전체학(게놈 연구를 기초로 한 의약품 개발)을 통해 삶의 질

◇ 플레이버세이버
금방 무르지 않게 해 오래 저장할 수 있도록 토마토의 유전자를 변형시킨 식물.

◇ 라운드업 레디
작물을 수확할 때 잡초 제거용으로 쓰는 농약 '라운드업'의 독성이 너무 강해 잡초뿐 아니라 해당 작물까지 죽이게 되자, 유전자 조작을 통해 라운드업에 저항할 수 있도록 고안해낸 콩.

향상에 대한 우려보다는 희망의 메시지가 매체를 장식하고 있다. 유전자 치료와 약리유전학의 연구에 기반한 치료제 개발은 의학의 발전으로 나아갈 것이며, 농업에서도 유전자 조작 동식물이 세계의 기아 문제를 해결하고 살충제의 사용을 줄이며 환경을 보존한다는 것이다. 모든 사람들이 유전자 스마트카드를 소지하고 다닐 미래의 신기한 신세계는 이미 실현될 준비 단계에 있다고 할 수 있다.

그러나 동시에 DNA 과학이 그려내는 신세계가 대참사의 시나리오를 예고하기도 한다. 박테리아든 동식물이든 유전자가 조작된 생명체는 환경 재해의 온상이 되며 인류에게 보이지 않는 형벌을 내리게 된다. 인간 사회는 좋은 유전자와 나쁜 유전자를 가진 양극화된 사회로 나아가게 될 수도 있다. DNA 과학의 활용이 보여주는 동전의 양면 같은 속성의 경계에서, 어떠한 선택을 할지 고민하기 이전에 그러한 선택의 기회를 보장하기 위한 대비가 필요한 때다.

에필로그
Epilogue

1 지식인 지도
2 지식인 연보
3 키워드 찾기
4 깊이읽기
5 찾아보기

EPILOGUE1

지식인 지도

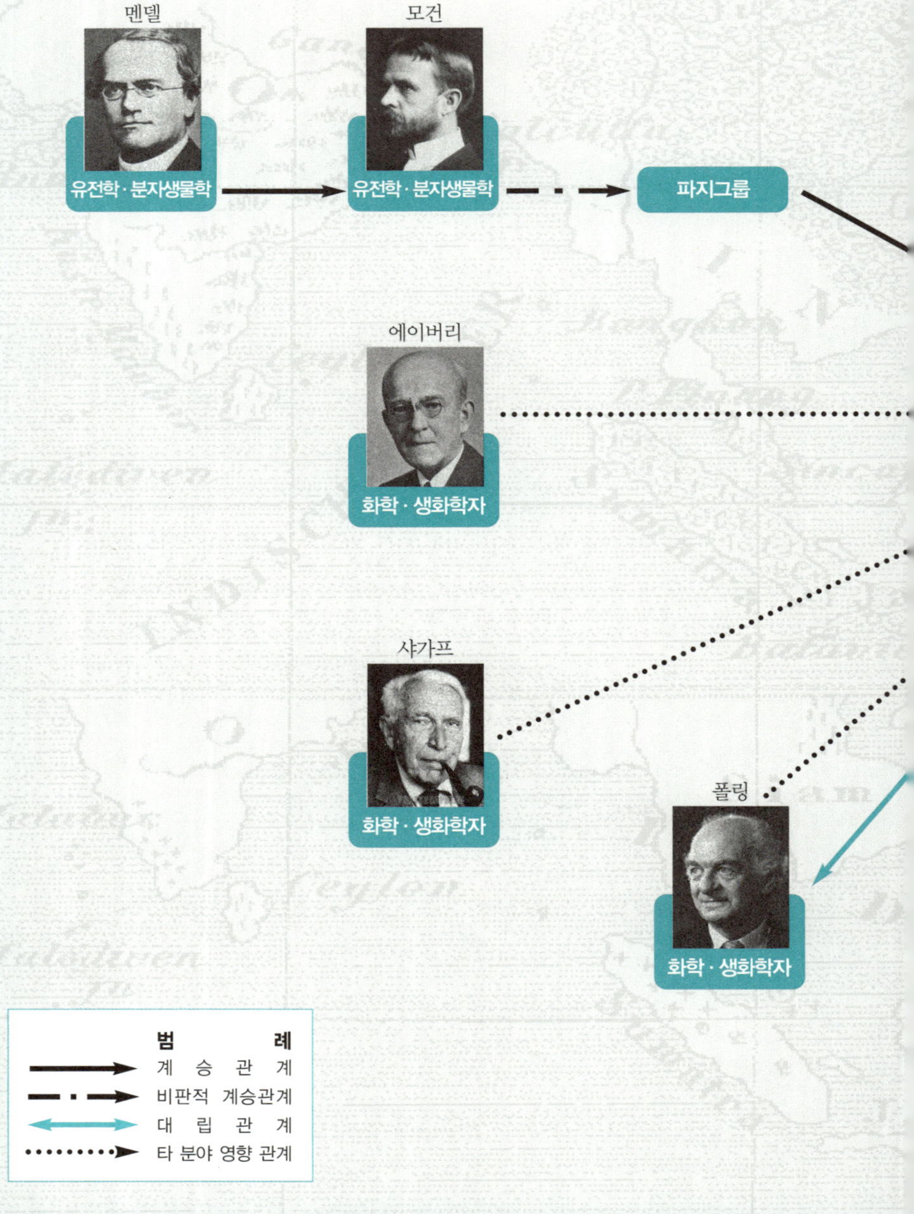

멘델
유전학·분자생물학

모건
유전학·분자생물학

파지그룹

에이버리
화학·생화학자

샤가프
화학·생화학자

폴링
화학·생화학자

범례
- ─────▶ 계승관계
- ─ ─ ─▶ 비판적 계승관계
- ◀═══▶ 대립관계
- ·······▶ 타 분야 영향 관계

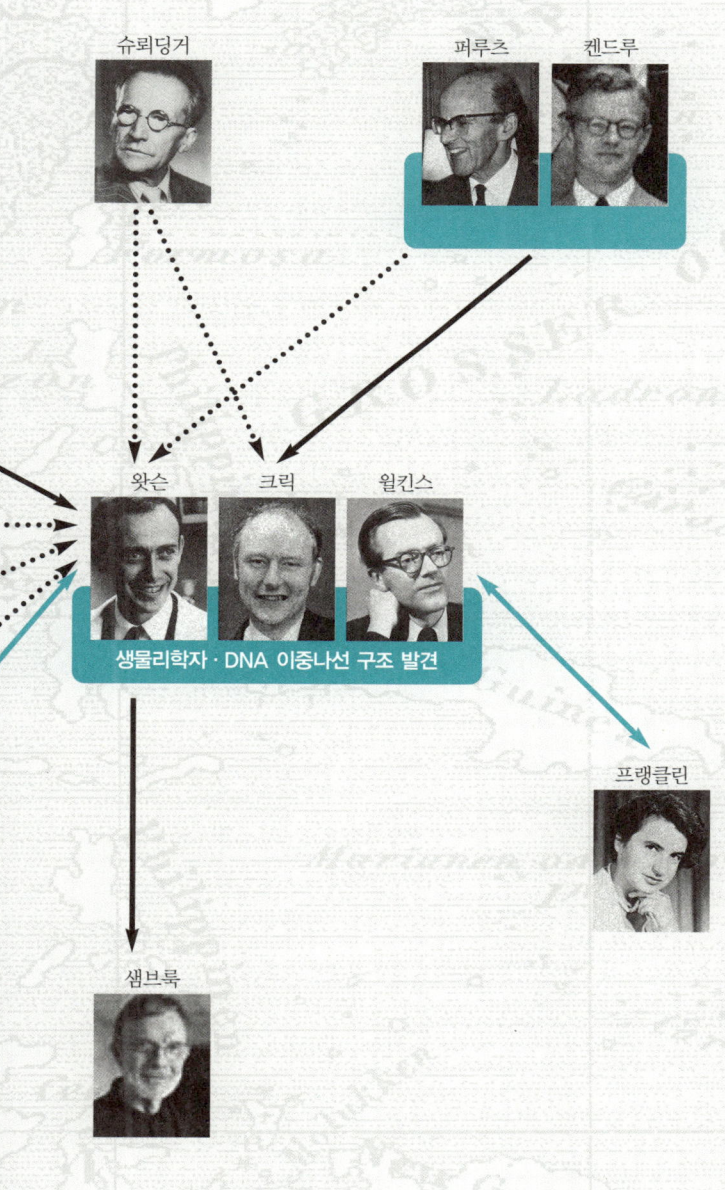

EPILOGUE 2

지식인 연보

- **왓슨·크릭**

1859	다윈, 《종의 기원》 출간
1865	멘델, 《식물잡종에 관한 실험연구》 발표
1868	다윈, 《사육동물과 재배식물의 변이》 출간
1869	미셰르, 뉴클레인(nuclein) 발견(훗날 주요 성분이 DNA로 판명)
1900	세이세네크·코렌스·더 프리스에 의한 멘델 유전법칙 재발견
1902	개로드, 알캅톤뇨증 유전병 발견
1915	모건, 《멘델유전의 메커니즘》 출간
1916	크릭 출생, 윌킨스 출생
1919	레빈, DNA 4중 뉴클레오티드설 제안
1926	모건, 《유전자 이론》 출간
1928	왓슨 출생, 그리피스, 폐렴쌍구균의 형질전환 현상 발견
1941	비들과 테이텀, 1유전자-1효소설 제창
1944	슈뢰딩거, 《생명이란 무엇인가》 출간 에이버리·매클라우드·매카티, 형질전환 원리의 기본 단위로서 DNA의 유전적 기능 주장
1949	샤가프 비율 발견

1951	왓슨, 케임브리지 대학 캐번디시 연구소에서 크릭과 조우
	프랭클린, DNA A형과 B형 두 종류 발견
	왓슨과 크릭, DNA 삼중나선 모형제작 실패
	폴링, 단백질 알파나선 구조 발견
1952	허시와 체이스, DNA가 파지복제의 주요 물질임을 규명
	폴링, DNA 삼중나선 모델 발표
	프랭클린, B형 DNA X선 결정 패턴 확보
1953	왓슨과 크릭, 프랭클린, 윌킨스
	각각 DNA 관련 논문 《네이처》에 게재
1954	가모프, 단백질 합성을 위한 DNA암호 제안
1955	왓슨, 하버드 대학 생물학 교수 부임
1957	크릭, 서열가설 및 중심원리 제안
1958	메젤슨과 스탈, DNA 반보전적 복제 실험
	프랭클린, 난소암으로 사망
1962	왓슨·크릭·윌킨스, 노벨 생리·의학상 수상
1968	왓슨, 콜드 스프링 하버 연구소 소장 부임
	왓슨, 《이중나선》 출간
1976	크릭, 미국 소크연구소 합류
1988	왓슨, 인간게놈프로젝트(HGP) 참여
1992	왓슨, HGP 도중 하차
1994	크릭, 《놀라운 가설》 출간
2003	HGP 완성
2004	크릭 사망(7월), 윌킨스 사망(10월)

EPILOGUE 3

키워드 찾기

- **다윈 진화론** evolution theory 다윈이 내세운 생물진화의 원리. 생물체가 자연 내에서 생존투쟁을 위해 펼치는 치열한 경쟁의 결과 형질이 좀더 우수한 개체가 살아남아 자손을 남기게 되고 열등한 것은 도태된다. 이러한 자연선택의 과정을 거치면서 최적의 변이가 결국 종의 진화로 이어진다는 것이다.
- **판게네시스** pangenesis 세포 안에는 일종의 유전정보를 담고 있는 제뮬(gemmule) 또는 판젠(pangene)이라는 입자가 들어 있으며, 이것이 증식하거나 다른 세포로 이동함으로써 변이와 유전이 일어난다는 가설이다.
- **멘델의 유전인자** hereditary factor 멘델이 주장한, 유전에서 형질을 결정하는 인자. 유전인자는 반드시 쌍으로 존재하며, 양친에게서 자손에게 전달되는 인자들 가운데 하나만 있어도 발현되는 우성형질이 있는 반면, 양쪽 부모에게서 받은 두 개가 다 있어야 발현되는 열성형질이 있다. 이들 개별인자의 차이가 유전 다양성을 낳는다는 것이다.
- **연관** linkage 유전자가 염색체상에 매우 근접하게 배열되어 개체의 형질이 염색체에 쌍을 이루어 존재하는 유전자에 따라 결정되는 현상이다.
- **염색체** chromosome 세포핵 속에 존재하며 유전물질인 DNA가 고밀도로 감겨 있는 구조물이다. 염색체 안에 유전정보의 기본단위인 유전자가 들어 있으며 유전자는 단백질을 만들 수 있는 유전정보를 담고 있다. 종에 따라 독특한 수의 염색체쌍을 가지고 있다. 인간의 경우 23쌍의 46개를 가지고 있으며 그 가운데 2개는 성염색체다.
- **DNA** deoxyribonucleic acid 핵산의 일종으로 유전정보를 담는 화학물질. 당, 염기, 인산으로 구성된 뉴클레오티드라고 하는 단위 물질이 연결된 고분자 유기물이다. 1953년 왓슨과 크릭은 DNA 구조를 밝혀 훗날 1962년 노벨상을 수상했다.

- **단백질** protein 생명체의 구조와 생리 활성을 담당하는 고분자 화합물로 수십 개 이상의 아미노산이 펩티드 결합으로 연결되어 있다. 생명체 안의 아미노산은 모두 20종류가 있다. DNA의 유전정보는 결국 단백질로 바뀌어 생명현상을 조절한다.

- **파지유전학** phage genetics 단백질로 덮여 있는 DNA 유전물질을 가진 생물과 비생물 중간에 있는 박테리오파지를 통해 간단한 생물의 유전현상을 규명하는 유전학 분야다. 박테리오파지는 박테리아에 감염되어 그 세포 안에서만 증식하는 바이러스다.

- **형질전환** transformation 외부에서부터 주어진 DNA에 의해 생물의 유전적인 성질이 변하는 것이다. 폐렴쌍구균의 경우 유해한 S형균에서 DNA를 추출해 이를 무해한 R형균에 적용하면 R형균의 일부가 S형균으로 변하는 현상에서 처음 관찰되었다.

- **샤가프 비율** Chargaff's rules 서로 다른 생물체의 DNA는 서로 다른 염기비를 가지지만, 하나의 종 안에서는 아데닌의 수와 티민의 수, 그리고 구아닌의 수와 시토신의 수가 항상 같은 양으로 존재한다는 것이다.

- **X선결정학** X-ray crystallography X선이 결정에서 회절하는 성질을 이용해 결정 구조를 조사하는 학문 영역이다. 원자가 일정한 규칙에 따라 배열된 물질에 X선을 입사시키면 나타나는 X선 회절상을 분석해 물질의 미세한 구조를 알 수 있게 된다.

- **단위세포** unit cell 결정의 기본 구조 단위로서 단위세포가 반복되어 결정을 형성한다. DNA의 경우, 단위세포는 단사정계로 기술되며 원자의 배열이 상자 같은 형태를 띠고 있다.

- **공간군** space group 결정의 단위세포의 대칭성 배열을 의미한다. DNA의 경우, 공간군은 C2 또는 면심단사정계로 알려져 있다. 그 의미는 형태가 단사정계인 단위세포가 당과 인산의 축을 가져 축을 중심으로 180도 회전해도 똑같이 보이는 것이다.

- **염기 짝짓기** base pairing DNA 분자에서 아데닌은 티민과, 구아닌은 시토신과 짝을 이루는 것을 말한다. 염기짝은 상보적인 염기 사이의 약한 수소결합으로 엮인 두 개의 뉴클레오티드다.

- **중심원리** central dogma 유전정보의 흐름을 나타내는 분자생물학의 기본 원리. DNA의 구조를 밝힌 크릭은 유전정보가 DNA에서 RNA로, 그 다음 단백질로

한 방향으로만 흐른다는 것을 밝혀냈다.

- **생명공학** biotechnology 분자생물학의 응용된 형태다. 1970년대 DNA 특정 부위를 자르고 붙일 수 있는 제한효소의 발견으로 성장한 응용 기술이다. 예를 들어 인간유전자를 박테리아에 복제하거나 단백질 생성물을 대량으로 분리·순수화하는 박테리아 효소를 응용하는 기술 등의 집합이다.

- **클로닝** cloning 동식물의 한 개체에서 수정을 거치지 않고, 무성생식에 의해 양친과 똑같은 유전자 조성을 가진 개체를 얻는 기술을 말한다.

- **코돈** codon 유전암호를 해독할 때 3개의 염기로 구성된 것을 의미하며, 1개의 아미노산을 지정한다.

- **유전암호** genetic code 게놈에 있는 DNA 염기서열 정보를 의미한다. 중간 전달체인 mRNA로 전사되고, 다시 단백질의 아미노산 서열로 번역된다.

- **인간게놈프로젝트** Human Genome Project 게놈(genome)이란 유전자(gene)와 염색체(chromosome)의 합성어로, 생물체의 총 유전정보, 즉 유전자의 총체를 말한다. 인간게놈프로젝트는 인간의 DNA에서 발견되는 3만 5천여 개의 유전자 서열을 밝혀내려는 국제적인 연구다. 1980년대에 시작되어 2003년에 유전자 지도를 완성했다.

- **분자생물학** molecular biology 분자 수준에서 생물학을 연구하는 분야로, 특히 단백질과 핵산의 구조와 움직임, 합성 등을 중심으로 연구한다. 오늘날에는 그 정확성과 강력한 실험방법으로 많은 생물학적 문제를 해결하는 데 주요한 방법으로 활용되고 있다.

- **mRNA** messenger RNA 전령 RNA의 줄임말이며, 아미노산 서열을 암호화하는 RNA다. 유전자에 담긴 정보를 구체적인 단백질로 발현시키기 위해 단백질을 합성하는 세포 내 기관인 리보솜으로 전달해주는 역할을 한다.

- **종양 유전자** oncogene 세포에 암을 유발시키는 능력이 있는 유전자로, 보통 '암유전자'로 줄여 부른다. 암유전자는 정상적인 세포에도 존재하며 세포의 증식, 분열, 분화, 발생 등의 기능에 중요한 작용을 한다. 이들 유전자가 돌연변이를 일으켜 암유전자로 활성화되면 암으로 진전된다.

- **유전자 재조합** gene recombination DNA 단편을 자유자재로 자르는 제한효소를 이용해 어떤 생물의 DNA 단편을 다른 DNA 분자에 결합시키는 조작 기술을 말한다. 이 기술은 여러 생물이 지닌 종(種)의 차이라는 두꺼운 벽을 뛰어넘어 DNA의 재결합체를 만들 수 있게 했기 때문에 분자생물학의 기초연구뿐만 아니

라, 의학·농업·공업 등 광범위한 분야에 응용이 시도되고 있다.

- **접합절단** splicing DNA 염기 서열상 인트론과 엑손이 존재하는데, 유전자 발현이 되는 엑손과 그렇지 못한 인트론이 있다. 전사된 DNA가 mRNA로 나아가는 과정에서 인트론이 제거되고 엑손이 결합되는 과정을 말한다.
- **PCR** polymerase chain reaction 중합효소연쇄반응을 의미한다. DNA 특정 부위를 특이하게 반복 합성해 시험관 안에서 원하는 DNA 분자를 증폭시키는 방법이다. 아주 적은 양의 DNA를 이용해 많은 양의 DNA 합성이 가능하다.

EPILOGUE 4

깊이 읽기

- 에릭 그레이스, 《생명공학이란 무엇인가? : 그 약속과 실제》- 지성사, 2000

생명공학의 역사적 발전에 관한 입문서다. 생명공학의 과학적 배경, 유전공학의 방법론, 생명공학의 개발과 응용 가능성 그리고 생명공학 발달에 따른 윤리적 문제 등을 개관하고 있다.

- 브렌다 매독스, 《로절린드 프랭클린과 DNA》- (주)양문, 2004

DNA 이중나선 구조 발견의 숨은 영웅인 여성 과학자 로절린드 프랭클린의 삶과 과학을 다룬 전기물이다. 런던 킹스 칼리지에서의 DNA 구조 연구 활동, 실험실의 동료과학자 윌킨스와의 인간관계, 윌킨스와 왓슨에게 유출된 프랭클린의 DNA 연구 데이터의 내막, 여성 과학자로서 프랭클린의 삶의 무게 등에 관해 균형적인 시각으로 접근하고 있다. 이 책은 프랭클린 전기의 또 다른 대표작 (앤 세이어 저, 국내 미번역)의 한계를 극복한 수정주의적 전기물로, 이 두 책은 서로 연결해 읽어야 할 필독서라고 할 수 있다.

- 프랜시스 크릭, 《열광의 탐구 : DNA 구조 발견의 체험기》- 범양사, 1991

DNA 구조 발견의 쾌거에서 염기 서열과 중심원리의 수립, 유전암호의 규명 등 분자생물학의 이론적 기초 토대를 확립하기까지 DNA 구조 발견의 주역인 크릭의 개인적 체험을 생생하게 보여주고 있다.

- 로버트 쿡디간, 《인간 게놈 프로젝트》- 사이언스북스, 1997

저자 쿡디간은 초창기 게놈 연구를 지휘·감독했고 현재 미국 국립과학아카데미의 과학정책 고문으로 활약하고 있다. 인간세포의 DNA 안에 들어 있는 30억 염기쌍의 유전암호의 해독과 유전자 지도 작성을 목표로 수행된 인간게놈프로젝트의 역사적 전개 과정을 소개하고 있다. 아울러 유전자 검사와 치료법을 위한 유전자의 이해와 응용에 관련된 윤리적·사회적·법적 문제들에 대한 균형감 있는 성찰을 보여주고 있다.

• 제임스 왓슨·앤드루 베리, 《DNA : 생명의 비밀》– 까치, 2003

생명의 비밀을 담고 있는 생체 거대 분자인 DNA의 구조 발견에 대한 왓슨의 생생하고 상세한 체험담을 소개했다. 멘델에서 오늘날에 이르기까지 유전학의 다양한 함축을 심도 있게 다루었다. 멘델 유전학의 우생학적 응용, 유전자변형 작물, 유전자 치료, 인간의 정체성, 유전자 결정론 등 유전학의 다양한 이슈와 현대 사회의 복잡성에 대한 왓슨 개인의 주장을 싣고 있다.

• 프랜시스 크릭, 《놀라운 가설 : 영혼에 관한 과학적 탐구》– 한뜻, 1996

의식에 대한 충격적인 가설을 담고 있는 크릭의 마지막 저서다. 뇌의 중앙에 위치한 시상에 존재하는 뉴런 다발에서 유발되는 시각적 의식 경험의 메커니즘에 대한 가설을 시도하고 있다. 사변적인 추론을 버리고 환원론적 인식론을 채택해 뇌과학의 과학적 탐구의 가능성을 열었던 크릭의 역작이지만, 읽기에는 다소 단조로운 단점이 있다.

• 울프 라거비스트, 《DNA 연구의 선구자들》– 전파과학사, 2000

모든 생명현상의 기초단위인 DNA의 발견으로 나아가는 과정에서 중요한 업적을 남긴 주역들의 노력과 성과에 대한 역사적 평가를 소개했다. 왓슨과 크릭의 이중나선 구조 발견에 대한 역사적 배경 자료로서 꼭 한번 읽어볼 만한 책이다.

• 제임스 왓슨, 《이중나선》– 전파과학사, 1973

20세기 과학 최대의 성과인 DNA 이중나선 구조 발견의 전말과 그에 얽힌 과학자 세계의 뒷이야기를 다룬 베스트셀러다. 저자 왓슨을 비롯해 공동연구자인 크릭, 이들과 노벨상 공동수상의 영광을 안은 제3의 인물 윌킨스, 비운의 여성 과학자 프랭클린 그리고 세계 최고 화학자 폴링 등이 우정, 경쟁, 질투의 복잡 미묘한 인간관계 속에서도 유전자의 신비를 캐기 위해 나아갔던 여정을 소개한 한편의 다큐멘터리 드라마다. 본 책과 관련해서 반드시 읽기를 권한다.

• 제임스 왓슨, 《DNA를 향한 열정》– 사이언스북스, 2003

크릭과 함께 DNA 구조를 밝힌 왓슨이 그의 삶과 유전자 시대 50년을 회고했다. 왓슨 자신의 연설문, 학술잡지 등에 투고한 기사, 논술, 강연을 편집한 모음집이다. 우생학, 재조합 DNA, 시험관 아기, 유전자 조작 등 첨단 생명공학 기술의 성과와 노력에 대한 왓슨의 시각을 보여주고 있다. 21세기 유전자 세기를 옹호하는 왓슨의 주장을 발견할 수 있다.

- 미셸 모랑주, 《실험과 사유의 역사 : 분자생물학》- 몸과마음, 2002

유전학과 생화학 분야의 접목으로 탄생한 분자생물학으로 나아가는 실험적 방법론과 사유의 역사를 개관하고 있다. 유전학의 유전자, 생화학의 단백질과 효소를 둘러싼 실험적 연구에 힘입어 유전자의 정체가 고분자인 DNA로 밝혀지는 역사적 과정을 다룬, 분자생물학 혁명에 대한 통사적 접근이 돋보이는 책이다.

- 리처드 르원틴, 《DNA 독트린》- 궁리, 2001

DNA 시대를 살아가는 인간의 삶의 지표를 되새겨보게 하는 르원틴의 라디오 강연 모음집. 인간게놈프로젝트에 내재한 정치·경제적 동기에 대한 고찰, 근대 과학의 방법론적 인식론인 생물학적 결정론의 현대적 버전인 유전자 결정론의 역사적 진실을 담고 있다.

- 리처드 도킨스, 《이기적 유전자》(개정판) - 을유문화사, 2002

'인간이란 유전자의 자기 보존 욕구를 수행하는 생존 기계'라는 도발적 주장을, 그것을 지지하는 상세한 과학적 증거에 실어 보여줌으로써 화제와 논란을 불러일으킨 도서다. 경쟁자 사이의 공격, 암수 간의 미묘한 싸움, 동물의 다양한 이기적·이타적 행동 등이 모두 유전자 전달을 통해 자신의 종을 번식시키고자 하는 전략적 행동임을 보여줌으로써 도킨스는 생명현상이 유전자에 우선된다는 생물학적 결정론을 제시했다.

EPILOGUE5

찾아보기

ㄱ

가모프, 조지Gamow, George   p. 130, 131
《가타카》   p. 19
개로드, 아치볼드Garrod, Archilbaid   p. 48, 68
겸상적혈구성 빈혈   p. 89, 143
고슬링, 레이먼드Gosling, Raymond   p. 82, 83, 86, 92, 95, 108, 111, 121
공동자전관   p. 94
교대성 접합절단   p. 138, 139, 200
구아닌   p. 20, 58, 64 116-119, 174
그레이처, 월터Gratzer, Walter   p. 72
그리피스, 프레더릭Griffith, Frederick   p. 53-55
길버트, 월터Gilbert, Walter   p. 135, 141, 150, 168

ㄴ

낭포성섬유증   p. 44, 205-207
《놀라운 가설》   p. 156, 157
뉴런적 상호연관성   p. 160, 162
뉴클레오티드   p. 28, 56, 58, 77, 103, 116, 121, 122, 130, 174
뉴클레인   p. 46

ㄷ

다윈, 찰스Darwin, Charles   p. 29-34, 37, 75
다인자 장애   p. 208
단일유전자 장애   p. 206-208
담배모자이크바이러스   p. 104, 171, 174
더프리스, 휘호de Vries, Hugo   p. 38
델브뤼크, 막스Delbrück, Max   p. 50-54, 63, 66, 122, 127
뒤센근이영양증   p. 193, 207
디스트로핀   p. 197
DNA 마이크로어레이   p. 210
디옥시리보핵산   p. 13, 55

ㄹ

라엘리안 무브먼트   p. 16, 17
라우스, 프랜시스Rous, Francis   p. 145
라우스육종바이러스   p. 145
라운드업 레디 콩   p. 217
라이트, 슈얼Wright, Sewall   p. 73
랜들, 존Randall, John   p. 81, 82, 94, 95, 105, 106
러더퍼드, 어니스트Rutherford, Ernest   p. 75
레빈, 피버스Gosling, Raymond   p. 58
렙틴   p. 209
로버츠, 리처드Roberts, Richard   p. 148, 149

록펠러 재단 p. 66-69
루리아, 샐버도어Luria, Salvador p. 52, 53-63, 66, 73, 74, 102, 127
리보솜 p. 132, 135

ㅁ

매독스, 브랜다Maddox, Brenda p. 112, 168
매카티, 매클린McCarty, Maclyn p. 55, 60
매클라우드, 콜린Macleod, Colin p. 55, 60
매클린톡, 바버라McClintock, Barbara p. 142
《매트릭스》 p. 156
맥섬, 앨런Maxam, Allan p. 150
멀리스, 캐리Mullis, Kary p. 143, 150, 167
《멋진 신세계》 p. 20
메젤슨, 매슈Meselson, Matthew p. 134, 135
《멘델 유전의 메커니즘》 p. 45
멘델, 그레고어Mendel, Gregor p. 33-38, 40-45, 57
멜라노마 피부암 p. 210
면심 단사정계 p. 105, 114
모건, 토머스Morgan, Thomas p. 43-45, 50, 66
미셰르, 요한Miescher, Johann p. 46-48, 55

ㅂ

박테리오파지 p. 50, 51, 61-63, 146, 176
방사성동위원소 p. 62, 81
버그, 폴Berg, Paul p. 141, 142
버널, 존Bernal, John p. 93, 94, 105
베이트슨, 윌리엄Bateson, William p. 39, 41, 44
보베리, 테오도어Boveri, Theodor p. 41, 60
보어, 닐스Bohr, Niels p. 51, 52, 75
보이어, 허버트Boyer, Herbert p. 141, 191

볼티모어, 데이비드Baltimore, David p. 140
부아뱅, 앙드레Boivin, André p. 60
분자생물학 p. 15, 22-52, 57, 60, 66-69, 94, 122, 127-129, 134, 135, 138, 141-145, 149, 157-161, 167-169, 178, 187, 190-192, 202, 210
분할유전자 p. 138, 148
붉은빵곰팡이 실험 p. 49, 50
브래그, 윌리엄Brag, William p. 77, 78, 88, 104, 107, 110, 186
브래그, 헨리Brag, Henry p. 78
브레너, 시드니Brenner, Sydney p. 135, 137, 167
비들, 조지Beadle, George p. 49, 50, 56, 68
비셀, 토르스텐Wiesel, Torsten p. 60

ㅅ

《사육동물과 재배식물의 변이》 p. 32
샘브룩, 조지프Sambrook, Joseph p. 147
《생명 그 자체》 p. 158
《생명이란 무엇인가》 p. 74, 80
생명정보학 p. 167, 200
생어, 웰컴 트러스트Sanger, Wellcome Trust p. 141, 142, 150, 210
샤가프, 어윈Chagarff, Erwin p. 64, 65, 118
샤가프의 비율 p. 64, 117, 118
서열가설 p. 132-134
서턴, 월터Sutton, Walter p. 41, 43, 66
선구자 효과 p. 205
세이어, 앤Sayre, Anne p. 112, 179
슈뢰딩거, 에르빈Schrödinger, Erwin p. 74, 80
스미스, 마이클Smith, Michae p. 143
스탈, 프랭클린Stahl, Franklin p. 134
스터티번트, 앨프리드Sturtevant, Alfred p. 45
시토신 p. 20, 58, 64, 116-119, 174
《식물잡종에 관한 실험연구》 p. 37

신경다윈론 p. 161

ㅇ

아데닌 p. 20, 58, 64, 116-118
아실로머 회합 p. 17
안티노리, 세베티노Antinori, Severino p. 16
알캅톤뇨증 p. 48
암게놈계획 p. 210
애스트베리, 윌리엄Astbury, William p. 69, 89, 93-95, 99, 107, 109-115
에덜먼, 제럴드Edelman, Gerald p. 161, 162
《에이리언 4》 p. 19
에이버리, 오즈월드Avery, Oswald p. 24, 55-61, 63-65, 73, 169
에티듐 브로마이드 아가로오스 겔 p. 148
엑손 p. 138, 139, 148, 200
X선결정학 p. 25, 66, 71, 74-78, 81, 82, 84, 87, 88, 93, 94, 96, 128, 185, 186
역전사 p. 139
역전사효소 p. 139
염색체 p. 24, 41, 43-46, 50, 55, 57, 58, 60, 80, 142, 148, 151, 152, 172, 174, 196, 198, 202, 205-207
올비, 로버트Olby, Robert p. 177
왓슨, 제임스Watson, James p. 12-15, 17, 24, 25, 27, 28, 53, 64, 65, 70-75, 79-81, 84, 86, 91-93, 95, 96, 100-104, 106-135, 144, 145, 147, 149, 151-155, 157, 158, 163, 164, 167-169, 176-181
요한센, 빌헬름Johannsen, Wilhelm p. 42
운반 RNA p. 132
웩슬러, 낸시Wexler, Nancy p. 204, 205
위버, 워런Weaver, Warren p. 67
윌킨스, 모리스Wilkins, Maurice p. 25, 27, 81-86, 89, 90, 92, 95, 96, 100, 101, 104, 107, 108, 111, 113, 115, 120, 121, 123, 167, 179

유전자 p. 14-19, 21, 22, 24, 25, 29, 42-46, 48-51, 56-58, 60, 62, 65, 72-74, 80, 89, 95-97, 101, 103, 113, 122, 127-130, 132, 133, 137-139, 141, 142, 144, 145, 147-152, 154, 158, 159, 171-176, 189-194, 196-218
《유전자 이론》 p. 45
유전자 지도 p. 152, 196, 201, 202
유전자변형식품 p. 21
《유전자의 분자생물학》 p. 144
유전자형 p. 42
유전학 p. 22, 25, 43-46, 50, 55, 57, 58, 60, 80, 142, 148, 151, 152, 172, 174, 196, 198, 202, 205-207
《이중나선》 p. 112, 123, 124, 144, 179, 181
인간게놈프로젝트 p. 15, 17, 142, 151, 167, 168, 192
인트론 p. 138, 148, 200
잉그럼, 버넌Ingram, Vernon p. 78

ㅈ

자연선택설 p. 31
자코브, 프랑수아Jacob, François p. 135
전령 RNA p. 132, 167, 199
전사 p. 135, 137, 140, 199
전사인자 p. 199
점핑유전자 p. 142
제뮬 p. 32, 33
제한효소 p. 141, 143, 148, 149, 191
《종의 기원》 p. 30, 32, 34
중심원리 p. 132-135, 139, 140, 157
중첩유전자 p. 138
중합효소연쇄반응 p. 143, 150, 167
《쥬라기 공원》 p. 18

ㅊ

체르마크 폰 세이세네크 Tschermak von Seysenegg, Erich p. 38
체이스, 마사Chase, Martha p. 61-63, 176
초원심분리기 p. 67
초파리 유전학 p.45, 50

ㅋ

칼카르, 헤르만 Kalckar, Herman p. 74
캐번디시 연구소 p. 12, 25, 71, 72, 75, 77, 78, 88, 91, 93, 95-97, 106, 110, 128, 129, 186, 189
켄드루, 존Kendrew, John p. 79, 106, 186
코돈 p. 131, 137
코렌스, 카를 Correns, Carl Erich p. 38
코리, 로버트 Corey, Robert p. 107, 108
코언, 스탠리Cohen, Stanley p. 141, 191
코흐, 크리스토프 Koch, Christof p. 161
크릭, 프랜시스Crick, Francis p. 12-15, 24, 25, 27, 28, 64, 65, 70, 71, 75, 79-81, 84, 86, 91-93, 96, 97, 101-104, 106-110, 112-115, 118, 120, 121, 123, 125-127, 129, 130-134, 137, 140, 156-164, 196
크라이튼, 마이클Crichton, Michael p. 18
클로네이드 사 p. 16
클루그, 에런Klug, Aaron p. 125, 168, 180, 183

ㅌ

테민, 하워드Temin, Howard p. 140
테이텀, 에드워드Tatum, Edward p. 49, 50, 58
톰슨, 조지프Thomson, Joseph p. 75
트랜스포존 p. 142

티민 p. 20, 58, 64, 116-119, 174

ㅍ

파지그룹 p. 50-53, 61, 63, 68, 73, 79, 127, 145
판게네시스 가설 p. 33, 34
판겐 p. 32
퍼루츠, 맥스Perutz, Max p. 71, 75, 78, 79, 93, 96, 106, 107, 110, 114, 115, 186
펩티드 결합 p. 88
폐렴쌍구균 p. 24, 53, 55, 57, 171, 176
포자설 p. 158
폴리뉴클레오티드 사슬 p. 103, 116
폴링, 라이너스Thomson, Joseph p. 25, 68, 84, 87-90, 92, 96, 97, 102, 107-110, 126, 185, 186
표현형 p. 42
푸르베르그, 스벤Furberg, Sven p. 96, 99
퓨린염기 p. 117
프랭클린, 로절린드Franklin, Rosalind p. 25, 27, 82-87, 89-93, 95, 98-102, 104-106, 108-115, 118, 120, 121, 123-126, 134, 168
프리드먼, 제프리Friedman, Jeffrey p. 208, 209
플라스미드 p. 142
플래스, 실비아Plath, Sylvia p. 180
플레이버세이버 토마토 p. 216
피리미딘염기 p. 117

ㅎ

하이모필루스 인플루엔자이 p. 150
핵산 p. 15, 46, 48, 64, 78, 80, 131, 132, 141, 150, 172, 174
〈핵산의 분자 구조: 디옥시리보핵산의 구조〉 p. 13

허시, 앨프리드 Hershey, Alfred   p. 61-63
헉슬리, 올더스 Huxley, Aldous   p. 20
헌팅턴병   p. 44, 193, 204, 205, 207, 214
형질전환   p. 54-57, 59, 171, 175
호글랜드, 메일런 Hoagland, Mahlon   p. 131
《화학결합의 본질》   p. 87
힐리, 버너딘 Healey, Bernadine   p. 154

James Watson
&
Francis H. C. Crick

인류의 지성사를 이끌어온
100인의 지식인 마을 주민들